「できる人」の話し方＆人間関係の作り方
会話ははじめの４分がすべて

你不是"社恐"，
你只是不会聊天

［日］箱田忠昭 / 著

赵净净 / 译

民主与建设出版社
·北京·

目录

第二部分

你的谈吐，是你最硬的社交货币

第一部分

迅速打开社交局面，
高效构建优质社交圈

导 读

要改变人生，先改变人际关系

━ 你的烦恼大多源自人际关系

你之所以拿起这本书，或许是出于以下这些想法：

"我想变得健谈一些。"

"在销售、待客、面试、会议、电话沟通等工作场景中，无法做到应对自如。"

"为工作和生活中的人际关系而烦恼。"

"不知道跟初次见面的人应该说什么。"

……

如果是这样的话，那么你拿起本书的行为无比正确。

本书不仅围绕"打造良好人际关系的谈话方式"展开，还会为大家介绍很多能够在销售、面试、商务谈判、交涉、演讲、会议、报告和商议等各种场景中运用的高效技巧。本书不仅能让你在读了之后变得能说会道，还会让你变得干劲儿十足。

不过，请先问一下自己，你是否拥有火一般的热情？

无论是在工作中，还是在生活中，你是否都满腔热情？

假如你失去了干劲儿和热情，你觉得原因是什么？

其实，人际关系是最大的原因。

在工作中，不仅要跟领导、同事、员工等打交道，还要跟顾客，以及所有在工作中与你有交集的人打交道，人际关系如果处理不好，工作也无法顺利开展。

此外，在生活中，如果处理不好跟家人、朋友、恋人之间的人际关系，那么不仅工作无法顺利开展，甚至连人生都会变得困难重重。

事实上，美国某劳动科学研究所的调查显示，在提高工作效率的原因中名列第一的，就是"人际关系的改善"。

相对于工作方法的改善以及组织的变更等，"人际关系的改善"最能影响工作成果。

这一点，稍微设想一下就能明白了。

对你横眉冷对的领导，把你当作傻瓜的家人……你会为这些人干劲儿十足、保持满腔热情吗？

所以，无论是在工作中，还是在生活中，人际关系都有着非常重要的地位。

因为人际关系一旦变差，人的干劲儿和热情都会随之消失殆尽。

人际关系决定了你的未来

所有人都想更加成功，都认为自己"其实还有能力更加成功"。然而，现实很残酷，或许现在的你一切并不顺利，但即便如此，也不要放弃。

回过头去看，我的人生真的很不幸。在我四岁时，母亲就去世了。后来，继母换过好几个，每换一个，我都会遭到虐待。我的家庭也很贫困，偏偏我又很笨，考试考不好，找工作也屡次失败。而且，我对自己没有一点信心，还患上了社交恐惧症。

尽管如此，我还是想方设法改变自己的人生，带着学习谈话方式的决心，去了一所在传授谈话方式领域有国际知名度的学校学习。

通过学习谈话方式，我渐渐产生了自信，在三十八岁时被一家外资公司聘任为社长。并且，现在我还成为一名专业的沟通专家，每年要举办三百多场讲座。

通过学习谈话方式，我实现了人生的巨大转变。

因此，本书将要向大家介绍的就是能够改变人生的谈话方式。

本书第一部分，主要介绍如何"迅速打开社交局面，高效构建优质社交圈"。

第一章中，主要介绍"情绪水桶理论"，帮助你摆脱情绪带来的沟通困扰。

第二章中，主要介绍"成为受欢迎的人"的方法与技巧。

第三章中，主要介绍"学会洞悉人心——了解人的欲望，看透人际关系"。

第四章中，主要介绍如何才能"快速赢得好感"。

第五章中，主要介绍"提升说服力"的方法与技巧。

第六章中，主要介绍在职场中与领导和同事聊出好关系的"高情商沟通"技巧。

希望各位读者把这本书当作行动准则来读，真诚地希望你们能把自己的人生打造得光辉灿烂。

第一章　情绪水桶理论
—— 情绪决定了你的沟通方式

▬ 每个人都拥有两只情绪水桶

美国心理学家唐纳德·克利夫顿提出了"水桶理论"这一非常有趣的人际关系理论。

唐纳德·克利夫顿称：

> 所有人都拥有一只很大的心灵水桶。

人们希望把来自他人的称赞、肯定、认可、关心之水储存起来。这一理论认为，水储存得越多，这个人就越幸福。反之，水桶越空，这个人就越不幸。

此外，曾获得过诺贝尔经济学奖的科学家丹尼尔·卡尼曼认为，我们每个人每天平均会产生两万次以上的情绪波动。每一次情绪大致只有短短数秒，但这些情绪会作为记忆保存下来。

用来储存这些情绪的，就是每个人自己的水桶。

水桶中装的是什么样的水（记忆），决定了这个人的态度和行为，这就是"水桶理论"。我在这一基础上做了进一步的延伸，形成了"箱田式水桶理论"。

要点如下：

每个人都拥有两只肉眼看不见的水桶。

一只水桶里面装的是"黄金水"，另一只水桶里面装的则是"泥水"。

水桶中能装多少水因人而异，水量由他人决定。他人对你说的话、对你做的事，决定了黄金水和泥水的增减。

黄金水多的时候，人会变得幸福、开朗、快乐、充满干劲儿；泥水多的时候，则会失去干劲儿、心情变差、情绪低落。

黄金水因获得别人的称赞、夸奖、正面评价、认可等肯定言行而增加。

泥水则因受到他人的指责、批评、负面评价、叱责、无视等否定言行而增加。

从人的外表就能看出来他的桶里储藏的是哪种水。桶里储存了很多黄金水的人朝气蓬勃、充满能量、干劲儿十足，水桶里装了很多泥水的人则无精打采、情绪低落、否定一切、毫无干劲儿。

可以说，每个人拥有的黄金水和泥水的多少，决定了他是充满活力的人还是毫无活力的人，是积极阳光的人还是消极抑郁的人，是干劲儿十足的人还是毫无干劲儿的人。

▬ 情绪水桶盛满泥水的后果

那么，不妨来设想一下。

如果积攒了很多黄金水，桶里装满了，会怎么样呢？

会溢出来，对吧？那么溢出来的黄金水，会返回对方盛黄金水的水桶里。

反之，如果水桶中盛满了泥水，也同样会有一部分泥水返回对方的水桶里。

假设你的水桶中满满的全是黄金水，你一定会很努力地工作。

这时，你的领导表扬你一番：

"水岛君，你上个月业绩很不错，比去年增加了 20% 哟，我感到很吃惊。你最近可真努力呀！"

这些话相当于向你的水桶中加了一些黄金水，而你的水桶中已经盛满了黄金水，你会说：

"哪里，谢谢您这么说。这全是多亏了您呀！您教给我很多东西，对我的帮助真的很大。下个月我会继续努力的！"

这么回复，也相当于向领导的水桶中加了一些黄金水。

反之，则会向对方的水桶中增加泥水。

比如，领导这样说员工：

"高山君，你最近可经常迟到啊，这样可不行，一定要准时上班，这么散漫怎么能行呢？"

这就等于向员工的水桶中倒了些泥水。高山君会这样反驳：

"我可是每天都加班到很晚呀！您上个月不也迟到过吗？"

这样一来，就等于高山君也往领导的水桶中倒了泥水。

于是，两个人之间的关系就会变得越来越差。

当情绪水桶清空时

我们总是希望自己的水桶里每天都盛满黄金水。

也就是说，我们希望得到别人的称赞、认可、肯定和好评。

可是，人们却不太热衷于往你的水桶里倒入黄金水。或许你会持怀疑态度，但有时人们连泥水都不给你倒。

这种情况下，既没有黄金水也没有泥水——你的两只水桶都空空如也。

没有任何人关心你，你处于被所有人忽视的状态，也就是完全孤独的状态。

这种状态可以称为"水饥饿"。

处于水饥饿状态时，人们渴望得到水，无论是哪一种水都行。

即使得不到黄金水，哪怕是泥水也可以，人们希望有人往自己的水桶里倒水。

也就是说，这个状态下的人会故意说一些惹人讨厌的话、做一些惹人讨厌的事。

不妨观察一下身边的人，是不是有性格非常乖僻的人、经常说别人坏话的人、总是跟别人唱反调的人，以及总是怒气冲冲的人。

这些人全都处于水饥饿状态。他们觉得周围的人对自己评价不当，所有人都把自己当傻瓜、无视自己……

如果一个人完全被无视，那黄金水自不必说，就连泥水也没有，两只水桶都会空空如也。

所以，这个人会迫切希望有人往自己的水桶里注水，即便注入的不可能是黄金水，在这个状态下，哪怕是泥水也行。

于是，他会故意说些惹人讨厌的话，或者在开会时发表反对意见。

要么故意说自己不想参加员工旅行活动，要么明明自己报名参加员工旅行了，却故意临时撤退。

这些行为全是有意责难，期待自己受到批评，设法得到泥水，以脱离水饥饿的状态。

例如，之前一直很乖的长子，在次子出生后，因为父母的注意力都向次子转移了，长子无论说什么都不会有人关心。

这种状态长期持续下去，长子就会处于水饥饿状态。

于是，他会千方百计地让父母为自己注水——故意把饭弄撒、尿床、把衣服弄得脏兮兮的回来。

也就是说，"当人们水桶空着的时候，会迫切希望有人往自己的水桶里注水，哪怕是泥水也行"。

归根结底，对人类而言最不可或缺的是黄金水，最无法忍受的不是泥水，而是没有任何水的水饥饿状态。

压死骆驼的最后一根稻草

有这样一句谚语——压死骆驼的最后一根稻草。

例如，有一天，员工突然提出要辞职。在此前一天，你刚提醒他说不许再迟到了，结果第二天，他就提出了辞职，这就叫作"压死骆驼的最后一根稻草"。

骆驼的负重能力有界限，不停地往骆驼的背上堆积稻草，当达到它的界限值以后，再往它身上多放一根稻草，骆驼的背骨就会断裂。尽管一根稻草的重量微乎其微，但是多了这一根稻草，就超过了骆驼负重的界限，也会导致它因此丧命。人类的情绪也同样如此。

如果一个人平时就积攒了许多不平、不满的情绪，然后又被领导说"你不许再迟到了"。这时，他的忍耐程度到了临界点，于是就爆发了，这一句话就是那一根稻草。

有时候成为那一根稻草的，可能是更加不值得一提的小事。

比如，我跟某个人打了个招呼：

"田中，早上好！最近怎么样？"

而田中对此只简单回了一句"早上好"。这样一来，我就非常生气。我跟田中打招呼连说了三句话——"田中""早上好""最近怎么样？"而他却只回了我短短的一句"早上好"。

人们绝不会忘记自己经历过的、体验过的事。

这些经历会以潜在意识的形式刻进自己的脑海里。第二天，我还是主动打招呼："田中，早上好！最近怎么样？"然而，田中还是只回了短短一句"早上好"。当这种经历在潜在意识中积存久了，你再坚持一周甚至两周试试看。你会不愿意再跟对方打招呼，觉得对方太傲慢，再见到他时会不加理睬。

人际关系就是因为这样的小事而破裂的，可以说，因为一根稻草，就能导致断绝人际关系。小事不断累积，会造成非常严重的后果。

所以，我们要记得时常保持对他人的尊重。我们给予对方的东西，都会在对方的水桶中留存下来。如果你给予的是正面的东西，必然留下正面的东西。如果像刚才例子中的那样，给出的是负面的东西，那么对方的大脑中留下的也会是负面的印象。因此，希望大家要记得时常给予别人正面的东西。

第二章　成为受欢迎的人

——为"情绪水桶"不断注入"黄金水"

得到认可的为什么是他?

我们总是基于喜欢或讨厌的观念来判断一个人,你是否思考过,人为什么会受人欢迎或者令人讨厌呢?

每个人都希望自己受人欢迎,希望打造良好的人际关系。

然而,不知为何,世上总是既有令人讨厌的人,也有受人仰慕和爱戴的人。

我从小学时期就注意到了这样的现实,当时的我觉得不可思议。有的同学成绩并不算好,却总能受到老师的喜爱,在同学中人缘也很好。

还有些同学并不擅长学习,却总是被推选为学习委员。被选中参加班级棒球比赛的选手,是人气较高但未必最会打棒球的学生。

进入公司后,我发现,得到领导认可的、出人头地的,未必是工作孜孜不倦、拼命努力的人。

为什么是他？大家都感觉不可思议。然而这样的人却逐渐出人头地，收入也水涨船高。

爱情也是如此，你单方面喜欢一个人，对方却压根儿不把你放在眼里。

相反，大家都禁不住发出"为什么那个人能左右逢源呢？"的疑问。

先让他人幸福，自己才能幸福

回顾我的人生，人际关系也并非一直顺利。

我既没被选上过学习委员，也没被选上过棒球队员，工作之后也没得到过领导的认可，还被喜欢的人抛弃，人际关系可谓糟糕透顶。

这又是什么原因呢？

如今回想起来，是因为我总是渴望得到黄金水。

"希望别人再认可我一点""我能行""希望大家再理解我一点"。

可是，我越是渴望得到，黄金水却越是离我远去。

结果导致自己越来越焦虑。自我宣传和自我展示的欲望越来越强烈，但来自他人的批评却越来越多，于是得到的泥水也就越来越多，即所谓的恶性循环。

其实，即使你明确要求"别人为你注入黄金水"，也不见得会轻易实现。

因此，必须令对方的想法产生一百八十度的大转变。

也就是说，你需要先往对方的水桶里注入黄金水。当你往对方的水桶中注入足够多的黄金水后，你的水桶里也会盛满黄金水。不久，它就会溢出来。溢出来的黄金水，会返回对方的水桶中。

所以说，要想让自己的水桶盛满黄金水，就要先向对方的水桶中注入黄金水，让其水桶中盛满黄金水才行。

你先赠予对方黄金水，让对方感到幸福，最终自己也会得到幸福。

如何获取幸福

美国科罗拉多大学曾在 20 世纪 70 年代后期做过一项以猴子为对象的实验。

实验人员把刚出生不久的小猴子从母猴身边带走，将其放到一个小笼子里弃之不管，且它身边没有任何同伴。

不用说，因为身边既没有母亲的陪伴，也没有任何猴子同伴，所以它大声呼救，却得不到任何回应。

到了夜里，它更是害怕得浑身发抖，失去了食欲。工作人员给它投喂了饲料，它也提不起兴趣。

最后，这只猴子在绝对孤独的状态中死掉了。

死因并不是饥饿，而是高度的绝望感。

后来，经过对这只猴子的脑细胞分析，发现它患上了身心疾病。

从这个事例中可以得知，人类根源性的生存要素是被肯定、被认可，以及良好的人际关系，也就是被人爱。

有了这些，人才能感到幸福。美国精神分析医生埃瑞克·伯恩博士认为，这些要素都要通过先给予别人，才能从对方那里得到。

因此，当人们渴望得到别人的认可、喜爱、肯定和尊敬时，就会每天都无法静下心来。

尽管如此，还是有很多人得不到别人的认可和喜爱，以致人际关系持续恶化。所以，我们必须意识到，只有自己先给予别人这些东西，才能从对方那里得到。

▬ 提高工作效率的前提是得到正反馈

其实，根据美国内布拉斯加大学心理学教授唐纳德·克利夫顿的调查，经常能得到来自领导的好评、感谢和称赞的员工，与其他员工相比：

- 个人的工作效率更高

- 与其他人之间的配合度更高

- 离职率更低

- 更受客户的信赖，业绩也更好

- 出错更少，能顺利地完成工作

现状是很少有人能获得应有的称赞，因此企业的生产效率总是无法提高。毋庸置疑，这种企业的状态使其中大多数员工都缺乏干劲儿。

美国劳动部调查显示，在众多导致员工从公司辞职的原因中位列第一的，是觉得"自己没有获得公正的评价"。

更令人吃惊的是，在令人讨厌的领导手下工作的员工跟其他员工相比，精神压力更大，并更容易患上高血压、胃溃疡、心脏病等疾病，更容易产生对健康的不利影响。

▬ 令人讨厌的领导会诱发心脏病

英国心理学家乔治·菲尔德曼认为，在令人讨厌的领导手下工作的员工，与其他一般员工相比，心脏疾病发作的概率高33%。

如果被问到"请问大家的公司里，是好的领导多还是令人讨厌的领导多？"基本上所有人都会说令人讨厌的领导更多。

这一点意味着，员工因精神压力患上某种疾病的概率较高。

正如前面提到过的，在令人讨厌的领导手下工作，员工会失去干劲儿，生产效率会下降。

那么，把降低了的生产效率换算成金钱会如何呢？

以美国为例，约2200万名劳动者失去干劲儿，以消极的态度对待工作。在这些人的影响下，生产效率大约降低了30万亿日元。

此外，前面提到过的因精神压力而产生的生病、离职、缺勤等后果，还会产生额外的成本。

不仅如此，失去干劲儿的人，还会对身边充满干劲儿的人造成影响，进而对整个公司产生消极影响。

美国劳动科学研究所发表的报告显示，企业生产效率提高的主要原因包括以下几种：

· 人际关系的改善占比40%

· 工作技能的提高占比20%

· 组织架构的改善占比20%

· 其他因素占比20%

由此可以看出，无论是提高工作效率还是生产效率，人际关系的改善都是重中之重。

去做别人希望你帮他做的事

有一条著名的黄金定律：你希望别人为你做什么事，你就要先为别人做。

不过，在水桶理论中，则有稍微不一样的表达。

去做别人希望你帮他做的事。

也就是说，要想让别人喜欢你，想要打造良好的人际关系，你就要持续不断地为对方做他所希望的事，也就是向他的水桶中注入黄金水。

父母、妻子、丈夫、孩子、朋友、领导、员工，这些自不必说。如果你的工作是面向客户的，还应留心与客户商谈的过程中，要为对方的水桶注入黄金水。

从现在开始，如果你要与某个人见面，请务必提前思考一下，怎么做才能为对方的水桶注入黄金水。

在与对方谈话的过程中，也请留意一下对方水桶中是什么样的情况。

你无心的一句话，可能会向对方的水桶中注入大量的泥水。

心理学上有一个说法，叫"心中所想必然会通过身体表现出来"。

愤怒的表情，不满、不安等情绪，必然会通过眼神、表情、脸色、声音等各种各样的形式呈现出来。

因此，一定要时常对对方的外在态度和说话方式保持敏感。

此外，如果发现这个人的水桶里存有泥水的话，请立即帮他注入一些黄金水。

例如，有时候你心里会这样想：啊，来了个讨厌的家伙。

所谓"讨厌的家伙"，恐怕指的是往你的水桶里注入过泥水的人——注入过说废话、找麻烦、把别人当傻瓜、贬低、斥责、怒气等泥水的人。

即使我们真的做错事了，也不希望被别人否定，不想听到别人说"你错了"。

反之，我们都喜欢对自己全盘肯定的人。

不过，关键在于，只有你先肯定了别人，才能得到别人的肯定。

打个比方，当你说"佐藤先生，你这条领带真不错，一定很贵吧"——用肯定的语言去称赞对方时，也就是向对方水桶里注入黄金水。

对方可能会回答"箱田先生的领带也很棒呀，非常适合你！"即把正面的黄金水返还给你一些。

相反，如果你向对方的水桶里注入泥水，这些泥水也会被返还给你。

比如，你使用负面语言时——向对方的水桶里注入泥水，你说"佐藤先生，你的领带不太好看，花纹很别扭呀！"恐怕对方也会反过来说"箱田先生，你也是，这么大年纪了，还系这么花哨的领带呢"。对方会用这种负面语言来回应，也就是说泥水被返还给你了。

所以说，如果你向对方的水桶里注入黄金水，对方也会向你的水桶里注入黄金水。

如果你向对方的水桶里注入泥水，对方也会向你的水桶里注入泥水，请牢记这一基本常识。

可以说，正是日常生活中微不足道的小事，决定了我们的人际关系。

▬ 让身边的人产生干劲儿的方法

正如在前面的章节中反复提到的，人们总是希望自己的水桶里能盛满黄金水。

极端地说，人活着就是为了"获得黄金水"。

举个例子，一个小孩子在快速奔跑，结果被一块石头绊倒了。

摔倒的孩子接下来会最先干什么？是不是"哇"的一声哭起来？

其实大多数情况下，并不一定是这样。

摔倒的孩子接下来会环顾四周，如果周围有大人，他才会"哇"地哭起来；如果周围一个人都没有，他会一声不吭地站起来，然后自己走回家。

也就是说，他希望有人把他扶起来，并关心地问道："孩子，有没有摔伤呀？"（黄金水）

所以，如果摔流血了，他就会大声哭喊："啊，流血了，好疼呀！"

这样一来，妈妈就会飞奔过来，一把抱起他。

可以说，他之所以大声喊，是为了让别人给他黄金水。

当然，大人也是一样。比如我的妻子执着于做鱼，她会买回来各种各样的食材，还会认真研究食谱。

她为什么这么卖力呢？辛苦做鱼的妻子，期待得到品尝的人——作为老公的我说"真好吃呀！"她期待从我这里得到黄金水。

绝不是为了获得"哎呀，这个鱼可真难吃！"这样的泥水。

如果妻子得到的是这样的泥水，肯定会反过来向我注入泥水——"你这个人真烦！既然这么不喜欢吃我做的菜，干脆以后在外面吃完饭再回来好了。"

而像前面那样，对她说"这个鱼真的很好吃！比我们上次在帝国饭店参加外甥道隆的婚礼时吃到的鱼都要好吃得多。你可真是做鱼高手呀！"向她的水桶中注入大量黄金水的话，妻子也会发自内心地高兴，并干劲儿十足："行吧，下次我还要更加用心地给你做好吃的！"

照这样做，黄金水还有激发他人干劲儿的作用，即所谓的"动机形成"功能。

向你周围的人——不仅是员工，还有领导的水桶里注入黄金水，大家都会充满干劲儿。长期这样做，可以让职场变得充满生机。

▬ 先把污泥洗净

我们出于本能，都希望有人往自己的水桶里注入黄金水，而且希望自己的水桶能盛满黄金水。然而，无论是在家庭里，还是在学校和公司等一切地方，我们都可能会遭到否定、拒绝，水桶里被一个劲儿地注入泥水。

当我们还是婴儿时，我们完全不在意周围的世界。但随着我们渐渐长大，我们开始在意周围的人对自己的言行和态度，开始觉得周围的人如何评价自己比自己如何生存更为重要。

强烈希望别人觉得自己好，即希望别人往自己的水桶中注入黄金水。

于是，变成了欲望的俘虏，在意周围的人如何看待自己，不希望被否定、被拒绝，希望得到认可、得到称赞。

与他人见面，采取小心翼翼的态度，担心会不会再被对方骂，会不会再遭到对方的否定。

这种倾向如果逐渐加剧，会因此患上社交恐惧症或抑郁症等心理疾病。

当自己的水桶里累积很多泥水时，就会变得否定一切，言行也变得消极。

相反，如果从小身边就有充满温情的父母和理解自己的老师向自己的水桶里不断注入黄金水，就会成长为积极的、率真的、阳光的、充满自信的人。

此外，据说人生的基本姿态是积极地度过人生，还是消极、否定地度过人生，其实早在三岁左右就定型了。

日本也有"三岁看到老"的说法，心理学上也认为这是正确的。

因为三岁之前得到的泥水，就好像久存不化的积雪一样，牢牢地附着在每个人的桶底。曾经附着在桶底的泥水，犹如牙石一样，即使你想把它清理掉，也无法清理。

▬ 性格绝对可以改变

可是，也许会有一些人认为，自己小时候的家庭环境糟糕透顶，感觉久存不化的积雪已经固定在自己的水桶里面了。

其实，我就是在这样的环境中长大的。自幼丧母，遭到继母虐待，家里又极其贫穷。由于每天都被注入泥水，我变得畏畏缩缩，性格扭曲。

即使从学校毕业后踏入了社会，我也还是对自己、对他人都充满否定，甚至被同事这样评价过："实话实说，箱田的性格太差了，软硬不吃，性格怪异。"

听到有人这么直白地指出我的缺点，我简直震惊了，可是那时的我以为，我就是这种性格，没有办法。

当时，那位朋友说"这本书你读一下试试吧"——那本书就是戴尔·卡耐基的《人性的优点》。

读了这本书后，我非常震惊。书中很具体地讲了应该如何处理人际关系，书里面有一句话是"只要努力，性格是可以改变的"。

我下定决心：要成为更坦率的人、更诚实的人，积极、阳光起来。采取有诚意的行动，百分之百积极地生活，并采取了相应的行动。

于是，我感觉到，之前牢牢附着在我的水桶里像牙石一样顽固的泥水，竟然渐渐溶解掉了。

后来，我在二十八岁时，和现在的妻子结婚了。我的妻子是典型的一定要在水桶里面盛满黄金水的人。

无论对谁，她都一视同仁地以笑脸相迎。和这样一个兼具阳光、率真、诚实的品性，又像太阳一样的人结婚，我明显感觉到我水桶里面坚如磐石的泥水，已经完全冰释了。

正如水桶理论所阐述的那样：跟拥有很多黄金水的人打交道，你的水桶里也会盛满黄金水。

这一点我切身体会到了。

性格一定可以改变。

黄金水的量和泥水的量是相对独立的，无论你现在有多少泥水，只要努力让另一只水桶里的黄金水增加就行了。

皮格马利翁效应

关于持续向对方注入黄金水，对激发对方的干劲儿有多大的作用，有人开展了一项非常重要的实验——就是"皮格马利翁效应"这一非常有趣的理论。

有一次，美国的心理学家开展了这样一项实验。

在新学期开始时，把相同水平的学生分为两组，每组有三十人。同样的老师在同样的上课时长内，给两组学生上同样的理科、社会、外语、数学等多学科课程。一个月后进行测验。这时候第一组和第二组还没有区别。

之后，对第一组和第二组采用了不同的方法发还试卷。

对于第一组学生，试卷评分很清晰，并且给每个人都写了评论。"约翰，你的计算错误太多了，请注意改正这个问题！""玛丽，你因为粗心导致的错误太多了，怎么这么不认真呢？""爱德华，你完全不会做，是不是毫无干劲儿呀？"就像这样，在发还试卷的时候把每个人的问题都明确指出来。

第二组学生也是做同样一份试卷，却不给他们打分，当然也不给他们发还试卷。老师只简单说了一下："这次的测试大家都做得非常好，每个人的分数都很不错，老师很高兴。下次测试大家也要加油哟！老师很期待你们的好成绩！"

之后还是由同样的老师，给第一组和第二组上同样的课程，且上课时长一样。一个月过后再进行测试，第一组和第二组仍然做同样的试卷。

只是，在返还测试结果的时候，第一组有清晰的评分，且一一指出每个学生存在的问题。第二组则不打分，也不返还试卷，还是只简单地说一下——"这次的测试大家都做得非常好，实力比上次更强了。下次也要继续加油哟！老师期待你们的好成绩！"说完这些，再逐一对学生们进行点评，"你最近进步很大呀""你的眼神闪闪发光""你最近很活泼，这很好""你最近发表意见的次数多起来了"，像这样明确指出每一个人的闪光点。

到了下个月也是一样，再下一个月也是一样，就这样坚持了一年。

你猜结果怎么样？第一组的成绩持续下降，而第二组的成绩却不断进步。

尽管是同样的老师，用同样的时长，注入同样的热情去授课，仅以讲评试卷时的一句话，就让第一组的学生失去干劲儿，第二组的学生充满干劲儿，进而取得越来越好的成绩。

开展了这项实验的罗伯特·罗森塔尔得出了以下结论：

当人得到认可、受到期待时，他一定会努力去回应这种期待。

并把它命名为"皮格马利翁效应"。

对于用人者而言，皮格马利翁效应是需要牢牢记住的重要
理论。

小　结

- 向对方的情绪水桶里注入黄金水
- 人际关系的改善，有助于工作效率的提高
- 做对方希望你为他做的事
- 把桶底附着的污泥清洗干净
- 性格绝对可以改变

第三章 学会洞悉人心

——了解人的欲望，看透人际关系

━ 先付出，才有回报

爱因斯坦博士的学生问过他这样一个问题："老师，人为什么而活？"

爱因斯坦的回答是："这还用说吗？肯定是为别人而活呀！"

大家对于这个回答有何感想？为别人而活，到底是从何说起呢？

在仔细地思考一番后，我认为这句话简直是真理。每个人都是通过向别人提供某种东西而活着。

出租车司机通过运送别人而挣到钱，餐厅老板为别人提供食物，我也是为别人举办研修或演讲，歌手为别人而唱歌。

归根结底，我们每个人都是通过为别人提供某种东西而活着。并且，当你提供给别人的东西越多时，反过来得到的报酬就越多；当你提供的东西越好时，你得到的东西也就越好。

这样一想，毕竟还是想得到更多的好东西，那你就要尽量多向别人提供好东西。

然而，人们总是只想着得到，却不愿意付出。

我的坐禅师父也说过："把自己最珍视的东西送给别人，这时你会得到救赎。"

当时我还不明白这句话的含义，在我辞掉白领的工作，独立创业时，才终于理解了这句话。

▬ 如何面临中年失业的窘境

其实，我是在四十一岁时辞掉了白领的工作。在此之前，我一直担任圣罗兰日本分公司的社长。

可是，突然有一天，我接到了来自总部的解雇通知。我在四十一岁时成了一名失业人员。

对于一个要养妻子和三个孩子、背负着现住的房子和一栋别墅房贷的人而言，成了一名失业人员可不得了。包括我在内的一家五口人的整个生活重担，都压在我的肩膀上。

于是，我果断创办了自己的公司。这是一家致力于员工培训的公司，可以到企业或团体中去演讲，也可以举办培训和演讲。

创办自己的公司、告别白领生活固然不错，可是当时我完全没有工作可做，更没有销路，没有人愿意请一个没有实际业绩的讲师。

　　站在对方企业的角度来看，既然要请讲师来做员工培训，怎么可能会考虑一个没有实际业绩，且是光杆司令的讲师呢？太不靠谱了，不可能的。

　　所以我每天走访好多家公司去推销，但大部分情况下都是直接被拒绝。

　　很快我就没有办法了，也没有可以去访问的公司。

　　于是我试着邮寄广告。我买了公司名册，把自己公司的宣传页寄给许多有名的公司。

　　我和妻子两个人彻夜填写收信人信息，一共寄出了两千封广告。

　　千辛万苦贴邮票寄出了两千封广告，却没有收到一封问询函，实在令人灰心丧气。

　　接着我又开始四处打电话，没有经过中间人介绍，直接打电话给别人，只为了取得一个见面洽谈的机会。

　　这同样很难，想想也是，没有谁不讨厌陌生人突然打来的电话吧。

　　我绞尽脑汁想了各种办法，仍然没有得到任何机会。

　　总之，大家对于推销电话都抱有戒备心。

　　"我是 Insight Training 株式会社的箱田。"

　　自报家门后，对方会答道："嗯，什么事？"

　　"我们公司专门承接员工培训业务，最近刚开发了新项目，我想顺便去拜访您一下。"

"什么样的培训呢？"

"销售人员提高销售业绩的方法，以及如何有效地推销库存等教育培训。"

"哦，这种就不用了。这种培训我们已经委托了其他公司，现在也不需要做新项目……"

"这样啊，我明白了，打扰您了。"

电话基本都是这样被挂断的。

打了那么多电话，每次都被挂断，最后已经不想再打任何电话了。

就连我都感到焦虑，同时也束手无策。怎么办呢？没有工作，也没有电话预约。一家五口，今后该怎么办呢？

▬ 找到滞销原因

不过，人在走投无路的时候，总能想到很多主意或办法。从早到晚，我只考虑这一件事。

于是，我有了以下两个发现：

· 应该采用咨询的形式，而不是推销

· 最初的电话应始终以确定负责人为目标

只需要稍微调整一下谈话方法，就能改变整个局面。即不在电话里介绍商品，而是改成以咨询的形式进行。

具体可以试着这样做：

"打扰您了，请问哪位负责培训呢？"

对方可能会这样回答："是我，你有什么事？"

"我们是 Insight Training，一家专门做员工培训的咨询公司。稍后可以通过传真给您发一份简报，简报上有一些与培训相关的创意和有趣的培训游戏，我们免费提供给您。您看发给哪位比较合适呢？"

"那么你发给培训部门的高山先生吧。传真号码是 1234，转 5678。"

接着再提请求：

"谢谢您！方便的话，能否麻烦您顺便把高山先生的直线电话号码也告诉我一下，还有高山先生的全名以及职位。"

这样就把正确的负责人确定下来了，然后再立刻把简报发过去。简报做成 A4 纸大小，加入自己喜欢的内容和插图，用电脑和打印机就能完成，内容简单易懂且有趣即可。

我把它称为"TWA 式"——T= 有趣，W= 易懂，A= 有用（有益）。

发送传真的第二天再打电话过去，因为你已经知道了直线电话号码，也发送了内容有趣的剪报，谈话就容易进行了。

这时候再提出上门拜访的请求，在电话里大致这样说：

"下次我给您送一本小册子，里面有昨天发送的简报的背景数据，以及我们美国联络事务所收集的美国最前沿的培训方法，希望能跟您共享信息。我下周二下午过去拜访您可以吗？"

这么说，既没有推销的成分，又表示可以向对方提供背景数据、提供美国最新培训技巧，即以"给予"为中心推进话题。

当你说"给我工作""给我预约"时，对方无疑会逃走。而当你把重点放在"给予"时，对方也就自然而然地接受你了。

我通过这种方式获得了很多电话预约。果然，"给予"很重要。

通过给予获取巨大利益

我再举一个通过"给予"使事情得以顺利推进的例子。

这件事发生在我正因没有工作机会而苦恼的时候，有朋友帮我介绍了大阪的一家大型食品公司的营业部部长。

我从东京乘坐新干线赶到了大阪。在我担任圣罗兰日本分公司社长期间，出行乘坐的都是绿色车厢，而创业时手头很紧，我只能乘坐普通车厢，当时有一种强烈的窘迫感。

结果见到这位营业部部长后，我还是一如既往地被拒绝了。

"箱田先生，让你从东京千里迢迢赶过来，真的很过意不去。可是我们今年的培训计划已经确定下来了，目前也不考虑新培训。下次制订明年的计划时，我再跟你说。"

我想着又白跑一趟，只好垂头丧气地回东京了。

不过，那位营业部部长为人非常好，所以我决定再去见他一次。

我知道他在两周后的一个星期六会来东京，所以索性也不预约，直接去了那家公司的东京分公司。

在当时，无论哪家公司，星期六都不休息。上午十点左右，我在他所在大楼的一楼给他打了个电话。

"您好，我是之前拜访过您的 Insight Training 的箱田。"

"箱田先生，今天有什么事呀？"

"我现在来贵公司的东京分公司了，正在一楼给您打电话。部长先生，抱歉，能给我十分钟的时间吗？"

"哎呀，箱田，你来再多次也没用。今年的计划已经完成了，而且我们暂时不考虑增加新培训。"

"我知道，所以我这次带着关于明年培训的新创意来见您，十分钟时间就足够。请再给我一次机会吧！"

这位部长被我的热情打动，终于松口答应了。

"那好吧。只有十分钟时间哟。"

▄ 请给我一次机会，不收取费用

我见到本部长后，直接开门见山地说："本部长，明年请一定多关照。在那之前，请先让我做一次培训试试。我不收取任何费用，免费就可以。"

于是，本部长思考片刻后回答道："免费吗？免费倒是可以。现在立刻开始行吗？"

我吓了一跳，说："现在就开始吗？"

"嗯，现在三楼的大会议室里正在开销售会议。昨天和今天连着开两天了，大家都有点儿疲倦、松懈了，箱田先生，怎么样？你能不能讲几句话，让大家伙儿提提精神，为大家鼓鼓劲儿？"

我只能回答说："没问题，很高兴您给我这次机会。"

本部长又说："现在是十点半，十一点到十二点中间这一个小时就交给你了。不收费对吧？"还不忘再次确认。

我也回答说："好的，当然是不收费。请交给我吧！"

可是，因为没有任何准备，我只能即兴表演。对方是久经沙场的大企业的营业部部长，而且我还要面对五十多人的冷淡的目光。

现在的话，我能轻松应对。可在当时，我还是一名新手讲师。

不过，我还是抱着"无论如何尽力而为""用热情闯过险关"的想法，忘我地投入其中。

抱着无论如何要用我的热情去打动他们的想法，我大声地、铿锵有力地、大汗淋漓地全靠即兴发挥完成了这场为时一个小时的演讲。

本部长坐在后面，面带微笑地观看着。我看到了本部长满意的表情，心想：或许还比较成功。

不出所料，演讲结束后，本部长说了这样一段话："箱田先生，太棒了！内容也很好，最重要的是把你的热情、干劲儿和认真传递给了大家。我也很久没这么兴奋了，听完也浑身充满干劲儿呢！箱田先生，我想请你用这种风格，为我的销售人员举办一场为期一天的研讨会，你看行吗？让销售人员参加完这场研讨会，第二天就变得充满干劲儿，卖力工作！效果好的话可以试着在全国范围内展开。"

我说："当然没问题，可以举办为期一天的研讨会。我会尽快把企划书交给您。不过这次改成有偿的可以吗？"

"当然。一天二十万日元怎么样？半年之内辛苦你在二十五个地方，举办二十五场。"

一天二十万日元，一共二十五场，这可太好了！于是，我第二周就交出了企划书。

这是我自独立创业以来，首次接到这么大型的工作。

从此以后，我又用"先免费办一场研讨会"的方法，接到了许多工作机会。

即把"给予"这件事坚持到底。

刚开始免费提供培训，在接到十万日元的工作后，为对方提供价值二十万日元的工作。

我用这样的方式开展工作，渐渐地，工作机会越来越多。如今，我已经成为一年举办三百多场演讲的"天才讲师"。

确实，"给予"非常重要。

掌握对方心理的四个方法

这一章前面的小节，主要讲了"给予"的重要性。从这一小节开始，我们来介绍掌握对方心理的重要原则。

我在此前出版的一本名为《把掉下来的苹果卖出去！》的书中，讲过用力积极地活着的重要性。

思考用力活着这件事时，我意识到"活着，是人际关系的延续"。

换个说法，即"如何与他人相处"，这是决定人生能否成功的一个决定性因素。

然而，翻开讲人际关系的书，无一不写着"站在对方的立场""要体谅对方的心情"。

我想更加具体地围绕如何站在对方的立场这一话题展开。

人们总是逃避情感

人类被称为感情动物，当我们清醒地活着时，必定带着某种感情。或"开心""快乐"，或"痛苦""无趣"，任何时候都带着某种感情。

而且，我们都希望永远有好心情，逃避不好的心情。

提起好心情，有"开心""快乐""有趣"，或者"成就感""重要感""充实感""胜利感""期待感"和"安心感"等非常多的表达。

反之，坏心情即不想体会的心情，有"痛苦""悲凉""羞耻""懊悔""悲惨""无法忍受"，以及"不安感""绝望感""孤独感""失败感""郁闷感"等情绪形容词，数不胜数。

我们在清醒的时候，总是追求好的感情，希望逃避坏的感情，而且我发现"这些感情大多是别人带来的"。

换个说法，带来好的感情的人是好人，带来坏的感情的人是讨厌的人。

喜欢为自己带来好的感情的人，讨厌为自己带来坏的感情的人，这也是人之常情。

可是，你应该会发现，纵观周围的人，比起给自己带来好的感情的人，给自己带来坏的感情的人要多得多。

通过"被称赞""被认可""被感谢""被重视""被好评"等，人能获得好的心情，并且会喜欢给自己带来好心情的人。

反之，讨厌"贬低""把自己当傻瓜""说自己坏话""批评自己""训斥自己"和"反对自己"的人。希望能离这样的人远远的，内心极度讨厌他们。

而且，这些感情一旦被大脑记下来，就永远不会消失。

记忆就像录像带

这是上述埃瑞克·伯恩博士的理论，人们经历过的事、体验过的事，会像录像带一样被记录、保存在大脑里。

你所在的公司是不是也有令人讨厌的领导，或令人极度厌恶的领导？

是什么样的领导？是不是一天到晚在你旁边训斥你、辱骂你、欺负你？还是并非如此，只是三四年前其因为一件不起眼的小事，曾对你大发雷霆，从那以后你就开始讨厌他了？

这也就是说，当时的记忆像录像带一样，在你的大脑中打上了深深的烙印，从此挥之不去。只要一见到那个人，不好的记忆就会冒出来，所以就越来越讨厌他。

在我看来，到了我这样的年纪，不知不觉中就会遭到很多人讨厌。

我时常会反思，我不经意间的言行，是否会伤害到对方。同时，我时常有意识地说些能让对方高兴的话，不说会让对方讨厌的话，哪怕是玩笑话，也坚决不说。

人类的欲望是什么

我们在思考人际关系的问题时，也应该试着去考察人类的感情，以及人类的基本欲望。

人类是欲望动物，一天到晚都在期待着"满足自己的欲望"。

欲望得到满足后就会感到幸福。反之，当欲望得不到满足，也就是欲求不满时，就会感到不幸，精神压力大增，进一步发展成心理障碍，最终导致自杀等行为。

因此，从一开始，我们就要先试着思考，人类的根源性欲望中都包括哪些方面。

人际关系研究者戴尔·卡耐基认为，人类的基本欲望包括以下四种：

· 生存欲
· 物欲
· 爱欲
· 重要感

接下来，我们一一说明。

1. 生存欲

人类有着各种各样的欲望，其中，最强烈的就是生存欲——想要活下去的欲望，不想死去的欲望。

因此，肚子饿了就想吃饭的欲望出现了，犯困时想睡觉的欲望出现了，感觉冷时想加衣服或烤火的欲望也随之出现了。

这些全都是"希望自己的生命长久存续"的欲望，即"生存欲"。

举个例子，一个坐禅四五十年，参悟到自己已经无所谓生，也无所谓死，超越一切的和尚，如果看到迎面来了一辆车，也还是会躲避。躲避，是因为他不想死。

这是对生的执着。如果真的无所谓生，也无所谓死的话，即使被车撞也没什么，但好像还没有达到那个境界。所以说，生存欲就是这么强烈的一种存在。

2. 物欲

名列第二的，就是物欲、金钱欲了，这种欲望也很强烈。

月收入一百万的人一定幸福？其实未必，因为他还想努力达到月入两百万；那月收入达到两百万就一定幸福或满意了？倒也未必，因为他还想达到月收入一千万；即使达到一亿，甚至两亿，也永无止境。得到一个后，还想要第二个，这就是人类的欲望。

"想住在更好的房子里""想要好车""想要钻石或高级手表"之类的欲望。

每个人都有很强的物欲和金钱欲。

3. 爱欲

接下来，名列第三的是什么欲望呢？爱。

其实这里提到的爱，不仅限于男女之间的爱，还包括对自己孩子的爱，对妻子的爱，对家人、朋友以及对自己母校的爱，诸如此类各种各样的爱。

4. 重要感

接下来是第四种。这是希望得到别人的认可，希望别人觉得自己好，希望不被别人愚弄的欲望。称其为名誉心也罢，名誉欲也好。据说这是最为强烈的一种欲望。

戴尔·卡耐基把它称为"重要感"，即希望被别人重视，希望得到别人认可的欲望，这种欲望非常强烈。

例如，作为希望得到他人认可的欲望之一，才有了品牌商品的存在。人们希望得到别人的认可，所以会去购买品牌商品。

重要感，正如字面一样，非常重要。因此，认可对方，重视对方，是人际关系的基本。

无论对方是什么样的人，都要站在对方的立场，发自内心地关心对方，并且尊重对方。生活中，有的人就是因为用词不当，所以导致其他人不想跟他说话。

因此，无论面对什么样的人，我们都要谨慎地选择词语去打交道。只要我们这样做，对方也一定会认可我们。

归根结底，抓住对方的心理，把人际关系打造得越来越好，满足作为对方根源性欲望的"重要感"，是一个非常重要的方法。

▬ 满足对方"重要感"的四个方法

那么，应该如何做才能满足对方的重要感呢？

我建议按照下面介绍的四个法则来执行。

1. 与他人打交道时要谨慎、恭敬

我们都讨厌妄自尊大的人，尤其讨厌瞧不起、愚弄别人的人。因此，用词和态度最好恭敬再恭敬。有时候可能就因为用词随便了一点儿，而惹得对方发火，使对方开始讨厌你。

比如，一个比你年轻十几岁的人对你说"××君，这个帮我做一下！"你肯定也会生气，忍不住想对对方说"叫我××君算怎么回事。我比你大十几岁，请喊我××桑[1]"。

所以，今后跟别人打交道时，一定要记得尽量保持谨慎、恭敬。

1　日语中的敬称，尊重程度比"君"略高。——译者注（如无特殊说明，本书注释均为译者注）

2. 称赞对方

满足对方的重要感的最佳方法之一，就是称赞对方，这一点其实很难。

不过，正如前面提到的，人类的欲望中最重要、最强烈的就是重要感。要满足对方这一欲望，当然还是要夸奖对方、称赞对方。

举个例子，大家穿着新衣服去上班的这天早上，心情如何呢？

不用说，一定是喜气洋洋的。穿着新衣服在镜子前照一照，再转过去照一照背影，心里想着"真合适"，便带着欢欣雀跃的心情上班去了。

到了公司，却没有一个人称赞自己的新衣服，心里一定空落落的。于是，在听到坐在前面的女员工对自己说："佐藤桑，今天穿了新衣服呀！特别适合你呢！"虽然嘴上回应道"没有啦"，心里想的却是"终于有人称赞了"。

我也一样，我也会在穿着新衣服得到别人夸奖时感到高兴。被别人称赞当然高兴，一定要多称赞别人呀！又不用花一分钱。

以回家时为例。我每次回家，都会在进入玄关前停留三秒钟。打开门之前，心里开始想今天要怎么夸奖自己的妻子，一边想一边打开门。"我回来了！"精神抖擞地进入家门，稍停留一会儿就到了吃饭时间。

吃饭的时候，我会对妻子说："今天的咖喱饭特别好吃，你简直是日本第一的咖喱饭料理高手！"撒谎可不行哟，要发自内心地称赞，说出自己的真实想法。

这么一说，我的妻子也非常开心。她会说："真有那么好吃吗？太好了。今天的土豆炖了好长时间，这么说炖久一点儿好吃呀。"等等，一脸开心的样子。

这么做就可以。养成发自内心地称赞对方的习惯，人际关系一定会越来越好。

3. 表达自己的感谢

接着讲重视对方的第三个方法：发自内心地感谢他人。

我住在镰仓，如果回来晚的话会很麻烦。过了夜里十二点，乘坐出租车要排三十米的长队。

所以，我每次都在车站给妻子打电话，让她到车站来接我。十二点左右，我会打个电话说"我马上回去了，拜托来接我一下"，大约十五分钟后，妻子就会开着车到车站来接我，基本每天如此。

冬天的时候非常冷，等十五分钟很吃不消。有一次，我在十二点左右打过电话后，妻子还没来。怎么回事呢？十五分钟过去了，她还没到。二十分钟过去了，依然没到。

好冷啊！二月底的时候，天气非常冷。雨雪交加，她到底在干什么呢？过了二十五分钟、三十分钟，她才若无其事地来了。

于是，一打开车门，我就迅速坐进车里，嘴上抱怨着："你怎么回事，来这么晚？这么冷的天，我要被冻感冒了。"

妻子也不认输。"你怎么能这么说？孩子生病发烧了，你不是也知道吗？与其在这里抱怨，为什么不早点儿回来。"她说个不停。

我也不甘示弱："你说什么？我是因为忙工作才晚回来的，我不是也没办法吗？"就这样，你一言我一语地吵起来了。

后来，两个人一路上都沉默不语。回到家后，妻子还在闹别扭，说了一声"我先睡了"，就去睡觉了。

不过，现在的我由于带领大家学习人际关系，可绝不会这样做了。

妻子晚到了三十分钟，打开车门时，喷涌而出的怒气、寒冷、以及饥肠辘辘或长久等待的愤怒，这些情绪全都叠加在一起了，其实内心已经在抱怨。

不过，使劲把这些怒气全都踩在脚底下，打开车门时，胜负已见分晓。微笑一下，哪怕是勉强笑一下。也许这时候的笑容会很僵硬，但也要努力微笑着说"我回来了"。

这样一来，妻子也放松下来。开车来的路上她心里可能还在想：今天又来晚了，那家伙肯定又要抱怨了。他抱怨的话，我肯定要还回去。

于是，妻子也温顺地说"你回来了"。

接下来的对话大概是这样：

"孩子的病好些了吗？要不要紧？"

"嗯，不要紧了。"

"今天好冷呀！你工作到这么晚也辛苦了。继续加油哟！注意身体。"

在这样暖心的对话中，十五分钟的回家车程就愉快地结束了。

怎么样？是不是有天壤之别？

你对对方发火，对方也会反过来冲你发火。你对对方微笑，对方也会还你一个微笑。

所以，要表达自己的感谢之情，经常努力主动创造良好的氛围。

坚持这样做，对方也一定会反过来感谢你，你也能够成为被感谢的一方。因此，请先主动去感谢别人，这就是第三个方法。

4. 重视微笑

接下来是最后一个满足对方的重要感，打造良好人际关系的方法，就是微笑，Smile。

这一点也是不必花一分钱，任何人都能做到的，而且是每个人必须做到的一点。但有很多人却做不到，总是眉头紧锁——这样的人非常多。

我二十七岁时，曾搭乘日本航空的飞机到国外出差，并且认识了一位空姐。

我正坐在飞机上靠通道一侧的座位上读书时，迎面走来了一位面带微笑的非常可爱的空姐。

我一看到她的脸，立刻睁大了眼睛。她正朝我所在的方向微笑，我也不由得微笑了一下。

当然，作为空姐，微笑是面对乘客时的必要礼仪，她们也接受了这样的训练。

但是，对我而言，那可爱的微笑和笑脸则令我难以忘怀。以此为契机，一年后，我跟她结婚了，她就是我的妻子。

她的一个灿烂的微笑，改变了她的人生，也改变了我的人生。而且我相信，这种改变是好的。

所以，你看，微笑也能俘获一个人的心。

好的人际关系，从眼睛开始

最后，我们来讨论一下眼睛的重要性。

人际关系，首先从眼睛开始。正如很多词语都用到"眼睛"这个词一样，眼睛是人际关系的中心。

我常年教别人如何沟通，如果问沟通中什么最重要，我敢断言"绝对是眼睛"。

当众讲话时也是一样，一个人内心的不安，必然会通过眼睛表现出来，或是眼睛朝不合适的地方看，或是眼神惊慌失措。

所以，我在指导别人演讲或做演示时，最先教的就是眼神接触。

牢牢盯着对方的眼睛讲话，这样能表现出这个人的自信。

我们原本都倾向于相信有自信的人。

平时与人打交道时，一定要看着对方的眼睛，读懂对方内心水桶的状态。

小　结

· 为了他人而活

· 推销不出去的原因

· 通过给予来获得利益

· 牢记掌握对方心理的四大方法

· 人们渴望得到"重要感"

· 牢记满足对方的"重要感"的四大方法

第四章　快速赢得好感

——好印象是自己争取来的

一　让陌生人对你有好感的方法

前面我们围绕"人际关系"和"人类的欲望"展开了论述。接下来，我们将具体介绍"打造良好人际关系的技巧"以及"谈话技巧"。

要想让不认识的人对你有好感，并跟对方建立良好关系的话，应该怎么做呢？

正如前面提到的，人类是感情动物。所以，为对方带来好心情，这一点无比重要。

因此，在人际关系中，有必要经常思考"怎么做，才能为对方带来好心情"。

下面，我来讲一个成功抓住对方心理的事例。

前面提到过，我四十一岁时被曾担任社长的外资公司辞退了，于是就创办了现在这家名为 Insight Training 的公司。

公司成立之初，我既是社长，又兼任讲师、营业部部长和员工，可谓"光杆司令"。当然，刚开始时没有任何工作。当时，有朋友帮我介绍了一家总部位于关西的大型超市的副社长。

我自费乘坐新干线去了大阪。副社长是一位年过六十的老人，看上去人很好。

交换了名片之后，我正打算切入正题开始推销研修项目，可是无论怎么看，当时的氛围都不合适，感觉对方肯定会说"关于研修之类，请直接跟具体负责人谈吧"。

于是，我对副社长这样说道："副社长，我可以请教您一个问题吗？"

"可以呀，什么问题？"

"副社长，您当初开始做这份工作的契机是什么？"

于是，副社长仿佛"一直等着这个问题"一样，开始讲他战后做小生意谋生的故事。

听他说，他年轻时吃了很多苦，才有了现在的地位。我瞪大了眼睛仔细听，又认真地做了笔记，不时地点头或附和一下。

结果，他讲了差不多一个小时。

我呢，只负责认真听，完全没有机会推销自己的研修项目，然后我就回去了。

将倾听进行到底

一个月后，我因为别的事又去了一趟大阪。

抱着去跟副社长打个招呼的想法，我再次拜访了超市总部，副社长心情很好地接见了我。

一通寒暄之后，副社长问我："箱田先生，怎么样？独立创业后，一切还顺利吗？"

我坦率地回答道："形势很严峻呀！独立创业也非常难。"

于是，副社长说道："的确如此，独立创业可不是那么简单的事。其实，我也是战后从小生意做起，实现了自立。那时候可真是吃了不少苦，想起那时候的事……"

于是他又讲起了与一个月前一模一样的话。我装作第一次听一样，认认真真地听他讲，认真地点头附和，时不时提问一下。这次我又认认真真地听了大概一个小时。在讲话告一段落后，副社长把秘书喊了过来。

"请让人事部部长菊池君来一下。"

过了一会儿，人事部部长来了，副社长这样对他说："菊池君，这位是箱田先生，他以前也曾担任外资企业的社长。另外，他还长期坚持坐禅修行，是一位罕见的和魂洋才[1]的老师。

---

1 和魂洋才是指江户末期日本思想界对吸取西洋文化所采取的一种态度，即只接受西洋文化中的实际知识和应用技术，摒弃其理论和精神方面的内容。

这次全国店长会议请他来担任演讲嘉宾怎么样？"

"副社长，这个主意太好了！我们非常愿意请箱田先生来演讲。"

于是，我就这样获得了一次工作机会。

我未主动推销，却这样获得了工作机会，此后也能定期接到这家公司的工作项目。

▬ 让人对你有好感的秘诀

言归正传，通过以上我的亲身经历，我们不难明白如何让人对你有好感，如何让人对你产生好印象。

我没有做任何推销。如果推销的话，对方肯定会被吓得后退。

我与这位副社长打交道的方法包括如下几种：

· 将倾听进行到底

· 尊敬副社长，并对他称赞

· 适时地提问，使谈话气氛高涨起来

其实，除此之外，"增加接触频率"也是一个有效的方法。

首先，我在经朋友介绍之后，给对方打了个电话，表达了希望登门拜访的想法。在对方接受邀约后，我写了一封明信片向对方表达感谢。

第一次见面后，我立即写了感谢信，在感谢信中表达了"希望能再次见面"。在第一次拜访对方的前一天，我特意打了电话。在第一次面谈的过程中，我把第二次面谈敲定了下来。

前后一共接触了五次。

其实，这种方法是运用了心理学家扎荣茨的"熟知性法则"。

▬ 给对方留下深刻印象的方法

扎荣茨是美国的心理学家，他围绕让对方了解自己的重要性，提出了以下三个法则：

　　·人们对于不认识的人，有攻击性、批判性、冷淡回应的倾向

　　·人与人之间的好感随着见面次数的增加而增加

　　·人们在了解了对方人性的侧面后开始对对方产生好感

下面我进一步详细说明。

1. 人们对于不认识的人，有攻击性、批判性、冷淡回应的倾向

这一法则，反过来说，就变成了"人们无法对很熟悉的人采取冷淡的态度"。

比如，你出去吃午餐，忽然发现自己忘带钱包了，如果你向路过的陌生人求助——"我忘带钱包了，麻烦借我一千日元"，恐怕没有一个人会借给你。但是，如果这时走过来的是你的同事，一定会很爽快地借钱给你。

只有和对方之间存在信赖关系，对方才会愿意听你的要求。

2. 人与人之间的好感随着见面次数的增加而增加

见面次数越多，对一个人的了解才会越深入，从而才能对对方产生好感。

即便自己不擅长讲话，随着见面次数的增多，对方也会逐渐对你产生好感。如果想要得到合作伙伴或客户的信赖，尽管走动起来，增加见面次数才行。

不仅限于当面拜访，电话和邮件等也要运用起来，尽量多与对方联络。

3. 人们在了解了对方人性的侧面后开始对对方产生好感

所谓"人性的侧面"，其实跟人品是同一个意思。

讲述自己工作中的失败经历，也有让对方打开心扉的效果。此外，在做演讲的情况下，提前把自己的为人和思想主张等有关资料分发给出席者，也是一个办法。可以把自我介绍和能显示自己人品的逸事等放在资料上。

了解了你的人品，对你有亲近感的人，在谈到工作话题时，也会带着强烈的兴趣来听取你的诉求。

▬ 展示出尊重对方的态度

我对超市的副社长还做了一件事，那就是"尊重对方，称赞对方"。

正如我在前面的章节中谈过的，人们对于"希望别人对你有好印象""希望得到别人的认可"这种重要感的欲望，比任何一种欲望都强烈。

即便是大公司的社长，也希望一直有人对他说"你真优秀，真厉害！"

著名的心理学家阿尔弗雷德·阿德勒曾在他的著作中这样写道：

那些对别人漠不关心的人，将不得不艰难走过苦难的人生。

这样的人会为他人带来灾难。

人类的一切失败，都是由他们造成的。

事实上，如果你问一个人"对你而言最重要、最可爱的人是谁？"毫无疑问，每个人的答案都会是自己。

因此，大家都喜欢关心自己的人，讨厌无视自己的人。

打个比方，在看参加员工旅行等活动拍摄的集体照时，你会看向哪里？

首先找的肯定是自己，因为你最在意的是自己拍得好不好看。

我们想要拥有奔驰和BMW等外资品牌车，以及劳力士高级手表。如果只是为了载人的话，国产车就足够了；只是为了掌握时间的话，国产手表也足够了。

那么，为什么要去买价格高于国产几倍的东西呢？

不用说，是想让别人对你有好印象。

人们把头发染成茶色、背名牌包、佩戴昂贵的戒指和装饰品，从根本上而言，都是想让别人对自己有好印象。

无论男女老少，你所接触的所有人，都"希望别人对自己有好印象""不想遭到别人的愚弄"。每个人都不得不承认，大家都生活在这种基本欲望的支配之下。

因此，我们需要去关心他人，并通过语言和态度表达出来。我经常对副社长这样说："您的话非常有参考价值""我真的被您的人品折服了"，等等，并且要用充满敬意的目光看着对方。

▬ 用SOS谈话法倾听

我在听超市的副社长说话时，灵活运用了一个法宝——SOS[1]谈话法。

所谓"SOS谈话法"，就是连续说以下几句话：

太厉害了！（S）

太令人吃惊了！（O）

太棒了！（S）

请一定要在谈话中运用这一方法。

通过运用这一方法，我成功地让副社长心情大好，并且他还非常高兴地自夸了两遍。

能认真地抱着尊敬的态度听别人自夸的人很少，而我运用SOS谈话法听了两次，因此获得了工作机会。

---

1 根据日语发音首字母延展而来。

大家在听别人讲话时，请一定要多用 SOS 谈话法。即使是听员工讲话，这一方法也很有效，可以让对方充满干劲儿。

▬ 有助于与对方建立良好关系的"魔法提问"

在与副社长的谈话过程中，我用到的另一个方法是，"担任沟通的发起者"。

其实，这是我以前做销售工作时发现的一个技巧。

我年轻时做过销售工作。在做销售时，客户的最终决策者，全都是比我年长的人，大部分都是部长或者社长，我也曾紧张到话都说不出来。

人们常说"闲聊占八成，推销占两成"，销售人员通常被认为都很擅长闲谈或闲聊。殊不知，面对比自己年长一倍的人，要做到游刃有余地闲聊实在太难了。

因此，我仔细研究了如何与客户建立良好关系的方法。

正如前面多次提到的，要想跟他人建立起良好关系，诀窍在于让对方多说，而不是自己说。

于是，我想到了一个谈话方法，即像这样打开话题：

"社长，我能冒昧地问您一个问题吗？"或"社长，我想向您请教一个问题……"

向对方抛出类似这样的问题。

这种情况下，对方百分之百会给予肯定的回答。

对方会说"什么问题？"或"什么事？"

这时，要注意提出对方乐意回答的问题。

我向超市副社长提出的问题是："副社长，您当初开始做这份工作的契机是什么？"

提出这样的问题，大部分社长都会开始讲以前的艰辛经历。这时，就要运用 SOS 谈话法为对方的谈话烘托气氛。

成功人士大都喜欢回忆往昔，说起自己以前的光辉历史就停不下来。当对方越说越起劲儿的时候，就会对你放松警惕，并且会对认真倾听自己讲话的你产生好印象。

"我能冒昧地问您一个问题吗？"

这样的句子就被称为"担任沟通的发起者"（主动打开话题的谈话方法）或"魔法提问"。

■"魔法提问"法则

除了"副社长，您当初开始做这份工作的契机是什么？"这样的问题，以下这些"魔法提问"也非常实用。

"社长，您休息的时候喜欢做什么？"

如果对方回答说"我周六一般会去钓鱼"，那就可以用 SOS 谈话法了。

"是吗？那太好了！您是去海边钓鱼，还是去河边钓鱼呢？"

"不，我是拟饵垂钓。"

"那很不错呀！真令人吃惊！拟饵垂钓，我还不太理解，好像很难呀！"

"嗯，刚开始会有点难。其实也有诀窍的……"话题渐渐就打开了。

然后继续用 SOS 谈话法提问，让对方继续说下去。

这么做的话，对方最后肯定会对你有好印象。

━ 做到真正意义上的称赞

正如前面提到的，想让对方对自己有好印象的好方法之一，就是称赞对方。没有人被称赞了却真的生气。

有的人嘴上说着"别说那种奉承话了，多不好意思呀"，其实内心想的是"再多说几句"。

比起"如何活着"，人们更在意的是"别人如何看待自己"。所以，认可对方、称赞对方，是改善人际关系的有效方法。

当然，让人一眼看穿的奉承和逢迎会起到反作用，因为其中包含谎话。说谎话当然会起到负面效应。

称赞别人之前，要仔细观察对方，找到对方的优点，然后再去认可、肯定。如果对对方没有足够的关心和兴趣，就无法做到真正意义上的称赞。

反之，当你为了称赞对方而认真观察时，你会用温柔的眼神去看他，而对方也会感受到你的好意。此外，既然已经称赞对方了，对方应该没有理由不对你产生好印象。

用心仔细观察对方，思考应该称赞对方哪一点，并真心称赞对方，养成这样的习惯后，人际关系必然会越来越好。

▬ 有效的称赞技巧

那么，具体而言，应该怎样去称赞别人呢？

尤其重要的一点是，称赞"对方希望得到称赞的地方"。多留意对方说的话，就能知道对方希望得到什么样的称赞了。

听到对方说"最近，销售额有所恢复"，就能推测出他希望得到称赞的，是业绩的上升，以及员工的士气。

因此，你就可以说"贵公司的业绩直线上升呀""您取得了很了不起的业绩呀""大家都干得很卖力哟"，你所称赞的，恰恰是对方所引以为傲的事，这样就可以了。

如果对方很重视家庭，那你就可以把话题切换到孩子的成长、孩子取得的成绩，以及孩子的兴趣爱好等，总之是夸赞对方引以为傲的事情。

比如，当你了解到对方的儿子刚刚考上了大学时，可以这样说：

"部长，听说您儿子考上大学了呀！恭喜恭喜！"

"作为应届生一举考上大学，太厉害了！"

"考的国立大学吗？太让人吃惊了！看来是遗传了社长，很聪明呀！"

"选的哪一个专业？工学专业吗？那太好了！未来可期呀！"

大致这样说，注意多使用 SOS 谈话法。

▬ 效果很好的反复的技巧

如果对方非常开心地夸奖自己的儿子，请把这一点记录在手账上。

等到下次见面时，继续以他儿子作为谈论的话题。

听到别人称赞自己的儿子就高兴的部长，肯定还会继续夸奖自己的儿子。就像这样："部长，话说回来，您儿子现在怎么样？肯定已经适应大学生活了吧？"

部长会因此开心地回答道：

"嗯，他还加入了篮球俱乐部呢！"

"哇，那太厉害了！您儿子长得很高吧？"

"嗯，差不多有一米八五。"

"哇，太令人惊讶了！他长得一定很帅！考上了国立大学，而且还擅长运动，真可谓文武双全呀！真的太优秀了！"

这就是典型的用 SOS 谈话法称赞对方的做法。

部长一定会心花怒放吧。

那么，下次再见面时，记得还要继续用他儿子的话题。

"部长，您儿子的篮球最近打得怎么样呀？"

"嗯，上个周六，他还作为主力队员参加了新人赛呢！"

"哇！这么快就成为主力队员了？真厉害呀！"

这同样也是用 SOS 谈话法见机说话。

找准对方想要的称赞

称赞别人时，并不是不管三七二十一地一顿猛夸就万事大吉了，必须找准对方希望得到什么样的称赞。

上面的例子中，以部长的儿子考上了大学为话题切入点，这正好是对方引以为傲的一点。

像这样能顺利找到恰当的话题固然不错，而现实是往往无法突然之间找到好的称赞话题。此外，如果你称赞了别人认为理所当然的事，反而会起到反作用。

比如，青木先生是职业高尔夫运动员，如果你对他说"青木先生，您的高尔夫打得可真好呀"，反而会很失礼。

换个话题，对他说："青木先生可是爱妻模范呀！经常在电视的商业频道看到您和妻子两个人其乐融融的画面，您的妻子真漂亮！"

这么说的话，想必青木选手会很开心。

同样，如果你说："部长，您今天的领带真好看！"这样不仅会显得很老套，恐怕也不会有什么好的效果。

因为，说不定这条领带是对方在打折时买的便宜货，连自己都不是很喜欢呢。

倒不如说："部长，您非常体谅人，待人又亲切，说话也那么亲和，真是太好了！"

像这样去称赞对方人性化的一面。

刚才讲到的青木选手的例子也是一样，选择对方没有注意到的一点、令对方感到意外的一点，以及对方人性化的一面去称赞，对方必然会很开心。

利用第三人来称赞

有人会说，我特别不擅长称赞别人。也有人会说，不知道怎么回事，我夸奖别人时，总有一种花言巧语的感觉，很不喜欢这种感觉。此外，还有人觉得，不想让别人认为"那家伙在拍马屁"。

在这样的情况下，可以利用第三人的口吻去巧妙地称赞别人。

例如，可以这样说：

"实不相瞒，部长在我们公司的员工中人气很高哟！"

"真的吗？"

"真的，部长您上周来过我们公司对吧？您走了以后，我们公司的员工都在讨论，说刚才那位部长长得好像石原裕次郎呀！"

"是吗？真的像吗？"

说不定部长自己也觉得的确有一点像呢。

如果长得既不像石原裕次郎，也不像其他任何一个大家都认识的人的话，该怎么办呢？

在这样的情况下，也可以说他像外国一个不怎么有名的演员。

"说起来，大家都说部长您长得特别像意大利演员马里诺·曼西尼哟。"

即使对方并不知道马里诺·曼西尼是什么样的人也无妨，员工都在讨论部长酷似意大利的帅气演员，并成为热门话题，这就足以令他高兴了。

小　结

- 做一个优秀的倾听者
- 恰当提问，把话题气氛烘托起来
- 牢记"熟知性法则"
- 灵活运用"SOS 谈话法"
- 多用"魔法提问"
- 牢记"称赞技巧"

第五章　提升说服力

——有效传达信息是说服他人的前提

▬ 缺乏说服力的人，终将一无所获

纵观世间种种，我们不难发现，富有说服力的人，或口才好的人，普遍比较成功。作为一名员工，要具备说服领导的能力；作为一名销售人员，要具备说服客户的能力；作为一名领导，要具备说服员工的能力。

总而言之，说服别人的能力很重要。

现实是，缺乏说服力的人，终将一无所获。

美国克莱斯勒公司原社长李·艾柯卡说过这样一句话：

　　　　对于商务人员而言，沟通能力就是一切。

缺乏沟通能力、不具备说服他人的能力的人，不仅在商务活动中很难成功，可以说整个人生都很难成功。

此外，根据美国《星期日泰晤士报》的一项调查，我们也可以得知，"要想出人头地，必要条件是口才好"。

在一项面向美国大公司的会长、社长和副社长的问卷调查中，72% 的人都给出了这样的答案："自己之所以能取得今天的地位，沟通能力功不可没。"

▬ 口才不好绝对可以改善

1983 年 3 月 23 日，我从圣罗兰日本分公司社长的职位上离职，开始独立创业。虽说经历了颇多周折，但总算实现了多年来的梦想，走上了作为企业教育家、演讲家的道路。

在此之前的十几年间，我就曾担任某世界著名教育机构的讲师，在夜校教过谈话方式、人际关系和领导关系等课程，有这方面的知识和经验。所以在离职后，我重新点燃了自信心，要把这种优势充分发挥出来。

在此之后，我经常去听美国和欧洲的谈话讲座和演讲，又掌握了一些新的技巧。另外，在实践方面，我曾采取多种方法，为许多人指导过演讲和演示方法。

在教学方法方面，我也在不断试错的过程中总结出了这样一个结论：

只要一个人能"正常"说话，就能把话说好。

"正常"说话，是每个人都能做到的一件事。

▬ 不会说话的人根本就不存在

与朋友聊天，在咖啡店谈天说地，是我们每天都在做的事。在咖啡店跟好朋友或恋人聊起过去的美好回忆，比如滑雪时摔了个大跟头，或者游泳时差点溺水的时候，几乎每个人都会变得充满活力，会运用丰富的身体语言，说话时眼睛闪闪发光。

这些人一旦站在众人面前讲话，则完全像变了个人一样，变得不会说话。原因是什么呢？面向很多人讲话时，人们会不由自主地采用"正式的说话方式"。

人们会一反常态，改用正式的措辞、语调、声音和态度去说话。

例如："承蒙各位百忙之中莅临，作为主办方，我们真心地……"

像这样，说的全是平时不会用的措辞。因为不习惯，所以不可能讲得很流畅。

此外，我还发现，不妨试着用习惯的说话方式，就像跟听众对话一样去说话。在众人面前说话，最好的办法就是像在一对一谈话一样。

有了这一发现后，我更加有自信去做演讲指导了。

我也更加确信，自然谈话法（正常的谈话方式）是正确的，当你面向几百人，甚至几千人讲话时，采取这种谈话方式就可以。

事实上，我每年都要举办几百场演讲或研讨会，随着作为演讲家和教育家越来越被大家认可，我的自信心也在逐渐增强。

▬ 不需要过于夸张的表现

基于所谓的辩论术，运用夸张的手势，罗列抽象的、难解的词语，或者朗朗上口的演讲方式，这种做法绝对不可取，没有一个人会愿意听。

况且，这些做法掌握起来也很难。

如今，我之所以作为演讲家被认可，并不是因为舌战群雄般的艺术性辩论，而是因为丰富的知识储备，以及采用了率直的演讲方式，能引起听众的共情，使彼此能够畅所欲言。

通过我每天都在做的演讲指导，能断定，现在的雄辩术，不是通过常年的发声训练以及对花言巧语的严格学习而掌握的特殊技能，而是就像在咖啡店与亲朋好友聊天一样简单。

于是，我提出了以下这种"咖啡店式"谈话法，它同时也是"会说话"的基本。

·在众人面前，也要像一对一座谈那样讲话（像自然对话那样讲话）

· 讲话内容要具体（讲具体事例、事件、实例和体验）

· 尽量把状况描述得详细一些（明确 5W1H[1]，重现实际状况）

· 如实表达自己的感情（展示真实的自我）

· 用普通的措辞讲话（只讲自己熟知的内容，尽量用柔和的语言）

以上五个要点是"咖啡店式"谈话法的秘诀。

请大家记住这五个要点，放松地去讲话吧！

富有说服力的谈话要诀

很多人都觉得，尽管有人告诉自己"说服力很重要"，自己却不知道说什么好。虽然也能说点什么，却不怎么受欢迎，内容也不尽如人意。或者是，内容够了，却不知道应该如何总结，这样的情况想必大家也遇到过。

确实，前面我们谈到了要用"咖啡店式"谈话法，去讲实例和经验。但是，很多情况下，还需要说一些不一样的话。比如，偶尔也会有机会介绍某种东西，或者提供某种知识或信息。这种

---

1 详见第 81 页。——编者注

时候，就必须学习谈话的构成法。

那么，我就来讲一下"使谈话内容和构成更容易传达给对方"的几个要点，一共有以下四点：

· 谈话素材以"熟新叙高决愉感"为基准

· 采用"PREP 法"总结谈话

· 采用"EP 公式"说服他人

· 采用"列清单法"推进谈话

下面，我们详细地去展开。

▬ 谈话素材以"熟新叙高决愉感"为基准

通常，我们说"那个人说得特别好"，指的是什么呢？我用"熟新叙高决愉感"这一关键词来表示。取巧妙说话七要素的首字，组合起来就成了"熟新叙高决愉感"。

熟 = 熟悉的

新 = 新颖的（与时俱进）

叙 = 叙事性

高 = 高兴的（对方爱听的话）

决 = 决意

愉 = 愉快的

感 = 感动

▬ 采用"PREP 法"总结谈话

接下来讲讲"PREP 法"。

尤其是在商务场合进行谈话时，不妨先说结论。

比如，如果在会议上只是随意地把自己的想法说出来，会让其他的会议出席者不知所云，觉得"他到底在说什么"。但是，如果一开始就先说结论，听者就可以提前理解讲话的全貌，再通过后面的详细内容加深理解。此外，这样可以快速对讲话者的提案做出判断。要想商务活动能够顺利开展，尽早传达结论的谈话方式很重要。

下面，我来介绍一下总结谈话的 PREP（预示）法。"PREP"指的是：

·Point（结论、要点）

·Reason（理由）

·Example（具体事例、实例）

·Point（重复要点、主张）

"PREP 法"就是按照这样的顺序展开谈话的方法。

比如，假设部长问道："山崎君，上次交给你办的那件事怎么样了？"而山崎需要快速做出回答时，就能用这个方法。

"部长，这个项目，我想采用 A 公司的方案。"（结论）

"这么选，是因为我同时请了 A、B、C 三家公司做了演示，其中 A 公司无论是在内容方面，还是在费用方面，都是最好的。"（理由）

"而且，A 公司的方案已经在北海道和九州工厂进入试用阶段，试用报告显示，效果非常好。因此，在琦玉工厂也一定能顺利开展。"（具体事例）

"部长，基于以上原因，这次的项目请选用 A 公司吧。"（结论）

像这样，在说服他人时，通过阐述理由和具体事例，能取得更好的效果。

采用"EP 公式"说服他人

"EP 公式"，是 Example+Point 的缩写。

这是劝说别人行动，或者给别人某种指导时可以使用的好方法。作为诉诸对方感情的说服方法，是非常有效的。

比如，在早会上对大家说"大家请注意系好安全带"，大多数情况下，大家会左耳朵进右耳朵出。

这时，如果使用"EP 公式"，说服效果会翻倍。

"我昨天带着孩子们去山中湖了，去那里要经过东名高速。昨天东名高速上非常混乱，好像是御殿场附近发生事故了。不出所料，今天早上的报纸上，果然报道了御殿场附近的追尾事故。

"一辆小型乘用车以每小时一百二十公里的速度追尾了一辆大型卡车。乘用车中一人死亡，另一人受伤。死亡的乘客当时好像未系安全带，被救出来的那个人当时系着安全带。

"你们看，系好安全带，即使不幸发生事故，大多数情况下还能捡回一条命。

"所以说，从今天起，大家开车时一定要系好安全带呀！"

像上一段话这样，举出具体的事例，结论是敦促大家正确行动，并在其中加入了激励的话。

也就是说，通过阐述 Example（具体事例、实例、经验）加上 Point（结论、你想表达的内容），你所说的话的说服力会倍增。

这一"EP 公式"，在雄辩术中应用范围也非常广，请大家多尝试、多运用。

我在开研讨会和做演讲时，也经常使用这个方法。比如，在讲与人际关系有关的内容时，我会这样使用：

"人际关系的基本，是站在对方的立场上。其中尤为重要的一点是，不要迅速对对方的言行做出判断。不瞒大家，我家里曾经发生了这样一件事。

"我的大儿子已经上大学了。他喜欢弹吉他，每天只要一有空，就弹弹吉他唱唱歌。在一个周日，他弹了一天的吉他。而我的二儿子正在为考试复习，每天从早到晚都在学习，正是焦头烂额的时候。到了晚上，吃过晚饭，我正在看 NHK 的大河剧，大儿子又拿起了竖在电视旁边的吉他。

"我就说：'贤太郎，现在就不要弹吉他了。有次郎正在学习呢，太吵了。'

"贤太郎说：'爸爸，你在说什么呀。我只不过是想把吉他收拾起来放进盒子里。你就不要啰唆了。'冲我发完火，他就回自己的房间了。

"这是因为我对他的行为判断过早，结果导致他好不容易要收拾一回的行动也撤回了，我还承受了他的怒气。

"诸如此类，过早对他人的行动做出判断，是破坏人际关系的重要原因。

"因此，从现在开始，我们要避免立即对他人的行动做出判断、立即批评的做法。停留一拍、两拍、三拍后，再去提醒他人会比较好。"

像这样，通过举例进行说明，对方会觉得的确如此，从而认可你说的话。

⚊ 采用"列清单法"推进谈话

"完全不明白那个人到底在讲什么。"

"他说的话让人摸不着头脑。"

为了避免别人这样评价自己，应该怎么做呢？

那就要使用"列清单法"，把演讲要点"打"进对方的内心，使对方感到条理清楚。

这种方法的使用流程是：在刚开始演讲时，对要点进行编号汇总，然后按照编号顺序详细讲正文部分，最后再按照编号顺序列举一遍，再次汇总。

我在坐禅会上向新人介绍坐禅的具体做法时，就一直使用这种"列清单法"。

"坐禅过程中，最重要的有三点：第一点是调整姿势；第二点是调整呼吸；第三点是调整心情。

"首先，我们来讲第一点，即如何调整姿势……（详细阐述）接下来，关于如何调整呼吸……（详细阐述）最后，关于如何调整心情……（详细阐述）

"第一点是调整姿势，第二点是调整呼吸，第三点是调整心情，请大家牢记以上三点。"

采用这种方式，把同样的内容重复三遍，说服效果也会明显增强。

利用数字使内容更具体

此外，在思考谈话内容时，如何使用数字也是很重要的一点。

比如，在推销商品时，如果只是说"这款商品卖得非常好"，则无法打动对方的心。

如果说"这款电脑去年一年卖出了十万台，在去年新上市的产品中名列第一"——通过列出具体的数字来介绍，则更容易获得对方的认可。还可以再加一句："销售排名第二的电脑卖了六万台，跟这款产品相比有四万台的差距呢！"

通过比较，进一步增加说服力。

在描述大小的时候，也不能用"非常大"这种抽象的说法，而是应该用"长五米、宽三米"这种具体的数字来描述。

另外，在描述大小和数量时，也可以用"有东京塔两倍大"这样的说法，通过与对方所熟知的某个物体做比较，来让对方脑海中产生比较直观的印象。

句子要简短

日语中，一句话很容易变得很长，与人谈话时，要尤其注意。举个例子："关于您前段时间预订的商品，当天我们没有现货，我问了其他店铺，结果他们那边也没有，我又直接问了生产厂家，回复是如果能接受其他颜色的话，就能立刻发货过来……"

这样的说话方式，会令听的人不由得焦急起来。

在这种情况下，不妨像下面这样，把句子缩短。原则上而言，一句话表达一个内容即可。

"现在向您汇报一下您前段时间预订的商品的情况。由于本店没有现货，我们问了其他店铺，结果都没有这款商品了。于是，我们又直接问了生产厂家。厂家的回复是如果您能接受其他颜色，他们可以立即安排发货。"

这样说，谈话内容就变得更容易理解了。

明确句子的基本要素

何时（When）、何地（Where）、何人（Who）、何事（What）、何因（Why）、如何做（How），所谓的5W1H，被称为句子的基本要素。

把5W1H明确出来，能让人对状况做出清楚的预判。并且，把状况描绘得具体一些，会使表现更生动。

比如："这是上周五我去A公司时发生的一件事。在去往新宿的电车上，我偶遇了高中的同级生S桑。"

如果改成"在开往新宿的丸之内线刚过银座站的时候"，就把对应"何地"的 Where 部分详细地表达出来了。

这时，听的人就会进一步想象"S 桑是从银座站上车的呀，从银座站到新宿站只需要十五分钟左右。你们俩都说了什么话呢？"从而对接下来的故事情节产生兴趣。

5W1H 在谈话方法中也是基本中的基本，令人意外的是，却有很多人做不到，请大家多留意。

▄ 用打比方引入话题

当我们介绍某种东西时，可以把它比作其他的东西，会更易于听者理解。

此外，谈自己的亲身体验，会让对方觉得很有亲近感，愈发对你产生好感。

比如，在表达自己赞成新的人事制度时，不妨试着把自己小时候的体验加进来。可以这样说：

"我上小学时，父亲曾对我说'你每打扫一次浴室，我就给你一次零花钱'。于是，从那天起，我开始很认真地做家务，在这之前，我多次答应要做家务却总是忘记。

"当自己的劳动能得到金钱形式的评价时，就连小学生也会干劲儿十足。我想，当我们每个人的评价都能够以薪水的形式反映出来时，也会积极主动地对待工作。"

像这样，举一个大家都想得到的普通事例，更具有说服力。

打比方或谈个人经验，可以使抽象的主题变得更容易联想，请大家一定要多加运用。

▬ 展示第三人的"证言"或"证据"

比如，在销售商品时，如果你说"这个产品很特别哟"，那么无论你再怎么介绍，对方都迟迟无法对你产生信任感。

对方会以为你只是为了推销商品，故意夸大其词。

不过，如果他听到有其他人说"试用之后发现效果特别好"，就会开始相信这款产品是真的好。

因此，如果有报纸或杂志介绍过这款产品，不妨把报道内容提前复印好，然后把它运用在商品讲解中。广告上面经常会有的"顾客心声"，也能取得同样的效果。

此外，如果对方是学者或文化人，则会比较信服权威人士的话。

"××大学××专业的教授，也非常认可这款产品的效果哟！"

把没有利害关系的专家的证言或推荐话语这样展示给顾客，会产生意想不到的效果。

"××桑也非常喜欢用这一款。"

像这样，说出名人的名字，效果也很好。

请大家记住，不要仅凭你自己的一张嘴去说，适当地加入没有利害关系的第三人的话，说服力会倍增。

▬ 谈话内容只占 7%

美国沟通学者阿尔伯特·麦拉宾认为，一个人 55% 的印象由外在印象决定，在有了外在印象之后，人们才会把注意力转移到你的谈话方式和声音上。

人们大致根据以下几方面把握他人的特征，并做出判断。

· 语速（是慌慌张张的人，还是沉着冷静的人，等等）

· 音色（声音是高亢轻薄，还是冷静低沉，等等）

· 声音大小（是充满活力的人，还是虚弱无力的人，等等）

· 扬抑和重音（是关西人，还是东京人，等等）

· 声音的粗细（是粗鲁，还是很有教养，等等）

这些因素其实与谈话内容独立并存，在传达给对方的印象中占据 38% 的比例（加上外表的 55%，一共占 93%）。

剩余的 7%，才是谈话内容给人留下的印象。

但并不意味着谈话内容没有也罢，也不能说谈什么样的内容都无所谓。

语言依然重要，没有内容是万万不行的。

只是大家有必要了解到，别人在接触你时，在谈话内容之外，首先会根据你的外在做出 55% 的判断，然后再根据你的说话方式做出 38% 的判断。

▬ 最初的三分钟决定一切

这里借用阿尔伯特·麦拉宾的"三三三法则"来说明：在人际交往中，三秒、三十秒、三分钟之内，一切就已经决定了。

在最初的三秒之内，印象的 55% 就被决定下来了。尽管大家都说"不能以貌取人"，但是，一半以上的个人印象都由外在决定。

所以，从现在开始行动起来，改善你的服装、态度、姿态、表情、视线，努力给他人留下良好印象吧。

接下来的三十秒，一般是寒暄时间。这时的说话方式、措辞、音量、音调等，决定了接下来的 38%。

寒暄时要做到落落大方，沉着冷静，声音有力，最后才是看谈话内容。

大致三分钟之内，对方就会完成对你的评价。

"给对方留下的第一印象，以后是很难改变的。"

如果你刚开始就给人留下了不好的印象，让对方觉得这个人不行的话，是很严重的问题。

小 结

· 努力变成富有说服力的人

· 采用"咖啡店式"谈话法

· 灵活运用"PREP 法"

· 灵活运用"EP 公式"

· 语句要简短

· "谈话内容"只占 7%

第六章　高情商沟通

——在职场创造无限人际关系

▬ 打造职场人际关系的基本原则

你的职场发展"掌握"在领导的手里。

这是无可否认的事实。

你的薪水由谁决定?

你的工作内容由谁决定?

录用你的是谁?

同样,你的工作评价也不是自己能决定的。

"那家伙工作能力很强。"

做出这些判断的,是你的领导、人事部、老板。

无论再怎么讲成果至上、实力至上,领导也是人。

如果有两个实力相当的员工,领导毫无疑问会选择喜欢的那一个,把"优秀"的评价给他。

所以，得到领导的青睐也是一项很重要的工作。试想一下，即使你真的很想发挥自己的实力，但如果领导不给你好评，你甚至连工作机会都得不到。

因此，如果你希望自己的能力可以得到好评，就有必要与领导建立起良好的人际关系。

其中比较重要的，是职场中的"汇报""联系""谈判"。

这不仅限于跟领导，也是跟同事进行沟通的基本。

尽力避免反驳

汇报是与领导沟通的一种形式，是面对面进行沟通，而不是自己把话讲完就结束了。领导肯定会提出问题，或者下达指示、命令。

想要做出被领导满意的汇报，其中关键的一点在于，面对领导的提问，如何才能做出令领导满意的回答。也许大家会觉得"我可做不出令领导满意的回答"，其实并不难。

不要反驳领导说的话以及指示，通常用"您说得是，确实如此"来肯定领导的指示即可。

当然，领导的意见未必与你的意见相同。领导也是感情生物，对与自己意见不谋而合的员工做出好评，也理所当然。

有人会一意孤行地坚持自己的意见，如果你真的希望得到能发挥自己能力的机会的话，这种做法可不是上策。

遭到领导讨厌的话，你甚至会失去可以发挥自己能力的机会。所谓"有能力的人"，是无论跟什么样的领导都能建立良好人际关系，又能发挥个人能力的人。

假如你用正确的意见赢得了辩论，但感情上领导会不开心，一定会怀恨在心。最终，你会遭到领导的讨厌。

所以一定要避免与领导争论。

▄▄ 向上汇报更关键

需要在会议上做汇报的情况也很常见。

这时，最重要的一点：汇报时，把事实和个人意见分开来讲。

在商务世界中，证据不清楚的汇报、包含臆测的汇报、跳过中间经过的跳跃性汇报，都特别常见。

出现这些情况的原因在于，没有把前面提到的5W1H阐述清楚，这也是谈话的基本原则。

把"销售额大幅下降了"改成"上个月（何时），东海地区（何地）A商品（谁）的销售额（什么）与前面一个月相比，下降了5%（发生了什么事）"，这样的汇报就是只传达客观事实的汇报。

在会议上做汇报，一定不要忘记5W1H！

阐述个人看法时事先预告

如果会议出席者针对刚才的汇报提出以下问题："东海地区应该形势良好，为什么销售额会下降呢？你认为是什么原因？"

这时候，你可以这样回答："这只是我个人的看法，上个月，东海地区遭遇了台风，我估计是受台风影响。台风登陆前后三天的出货量减少了30%，我想会不会是恶劣天气下，物流状态出现了问题。"

像这样在阐述个人看法之前，事先预告"这只是我个人的看法"，然后再开始阐述自己的看法。

坏消息要尽早汇报

这是我在外资企业上班时经历过的一件事。

当时，我担任市场经理，其中一项工作是根据某一款产品的国内需求量，确定从总公司进口的数量。

有一次，我看错了一列，结果以原来十倍的数量把在国内基本卖不出去的一款商品进口过来了。我心里想：糟糕！如果卖不出去，会造成巨大损失……却怎么也不敢向社长汇报，那件事情就那么不了了之了。

过了三个月，经理向社长汇报了这件事。

"箱田！你订单多下了十倍，怎么回事？"

社长大发雷霆，我已经做好了被开除的心理准备。最终，这款商品通过促销等形式，用了两三年时间才销售完。

现在回想起来，我应该在发现错误的第一时间，尽早向社长汇报——"社长！对不起！我犯了一个很严重的错误！"那样的话，就能立即开始寻找对策了。

所以，请大家务必注意，坏消息一定要尽早汇报。

坏消息的确比较难以启齿，不过，只要平时就跟领导建立起了良好的人际关系，就不至于有太大问题。

▃ 领导普遍爱操心

比如，一个本该联系自己的员工，却迟迟没有消息，领导就会想"是不是遇到了什么难题？是不是遇到了什么麻烦？"

奇怪的是，在这种时候，浮现在脑海中的没有一件是好事，大多是一个劲儿地往坏的方向想，这也是人类的正常心理。

尤其是领导要对员工负责任，所以会非常关心员工的动向。因此，员工不仅应与领导保持业务上的联络，还要考虑到领导的心情，做到尽量早一点联络。

如果领导一直对你很好，那就更要多跟领导联络了。

如果是销售人员，为了不失去向自己购买过商品的顾客，后续也有必要经常拜访顾客，打破沟通的藩篱。对待领导也是一样，如果不这么做，对方的热情会冷却，就会被后来的其他销售人员夺走。

我们要时刻注意，及时向领导汇报他所关心的问题进展，让领导放心。一旦疏于联络，说不定哪天领导就疏远你了。

▄ 打动领导的诀窍

对于领导而言，最开心的事莫过于员工来征求自己的意见。

作为年长者，会因为受到尊重而产生满足感。而且，能够向年轻人提供建议，他们会感到很开心。

所以，相比事无巨细地汇报的员工，他们更喜欢来向自己讨教的员工，对自己说"麻烦您教教我"的员工更可爱。

因为领导也是人，会自然而然地器重来找自己"商议"的员工，而不是汇报结束就一走了之的员工。

因此，我推荐大家在做汇报时，也采用"商议"的方式来进行。

比如，我们可以设想一下汇报至上的场景：

"给 A 项目的报价，我按照这个数字提交过去了……"

"什么？这个数字这么高，肯定会被削减份额的！"

"我是按照公司的报价规则计算出来的……"

这么说，明显会遭到批评，如果改用商议的形式，则是这样：

"您看给 A 项目的报价，我们报多少合适呢？"

"如何计算报价我应该教过你了吧。"

"按照那种计算方法，是这个金额，会不会有点儿高？"

"哪个？"

像这样，用商议的形式去汇报，领导更容易接受。

私事可以找领导商量吗

频繁地进行工作方面的"汇报""联络""商议"，就能抓住领导的心了吧？不仅如此，连私事都来找自己商量的员工，更受领导喜欢，其实也是理所当然。

如果是私事，领导就更加会觉得"他非常信任我"。从领导的角度来看，不但可以给对方提出建议，还能炫耀自己的生活方式，心情自然会很好。

所以，我认为"有没有什么要聊一聊的私事？"这句台词是终极"必杀技"。

领导最重要的工作是什么

带领日产汽车起死回生的卡洛斯·戈恩说过：

"经营者、管理者最重要的工作就是让员工干劲儿十足。"

一个领导如果没有激发起员工的干劲儿,就等于最重要的一项工作没有完成。

"让员工干劲儿十足,培养员工",是领导的职责。

领导的基本姿态是让员工能够感受到你的尊重、认可,以及让他们在工作中获得成就感。

人在得到赞许、认可和期待时,能够充分发挥自己的能力。当他们受到叱责、被无视时,则会失去动力。

事实上,"人只要得到赞许、认可和期待,就能变成被期待的样子"。

这是前面所讲过的"皮格马利翁效应"。

领导的职责在于培养员工,所以不妨多思考如何去称赞员工,帮助员工成长。

激发员工干劲儿的三要素

我认为,以下是领导管理员工干劲儿的三要素。

· 目标

· 责任

· 评价

即给每个员工设定具体的目标，让他们担负起相应的责任。并且在最后工作全部完成时，给予他们积极的评价，从而激发员工的自主性和干劲儿。

以下是具体实施时的秘诀：

· 目标不是命令，与员工商量后再决定。

· 目标确定后，员工即承担起相应的责任，自己只需关注简单的汇报即可。

· 工作完成后，让员工做一下详细汇报，自己也要给予对方恰当的评价。

▬ 领导不能做的事

人的情绪会传达给对方，感谢别人，你也会被感谢；憎恨别人，你也会被憎恨。

心理学上称之为"镜子效应"。你对对方抱着什么样的情绪，这种情绪就会返回给你，就好像照镜子一样。

比如，当你觉得某个员工"总是反抗自己，那家伙很讨厌"时，这位员工也会觉得你这个领导"啰唆又令人厌恶"。

相反，如果你觉得对方"做事很认真，还很热心，干得很不错"，员工也会觉得你"是个很善解人意，很好说话的好人"，并且乐意与你走得近一些。

所以，要时刻注意，不再向员工展现你的负面情绪，要成为能映照出员工干劲儿的一面镜子。

此外，领导绝对不能发火。可以"批评"，但是不能发火。

"发火"与"批评"的区别，在于是否有理性。"批评"是带着理性，包含着教育的意味。但"发火"却是感情用事，本来要教育员工的心情早已飞到了九霄云外，并且这样做会导致员工失去干劲儿。

▬ 如何成为受人尊敬的领导

大部分人内心都希望受到员工或后辈的尊敬、亲近和感谢，那具体应该怎么做好呢？

在我看来，成为"有能力的人"的条件如下：

- 工作能力强的人
- 拼命工作的人
- 拥有核心竞争力的人

除此之外，还要有为人亲和、擅长称赞等众多特质。但只限于工作范围内的话，就是以上三点。

下面我们详细介绍一下。

1. 工作能力强的人

著名管理学家彼得·德鲁克认为，成为工作能力强的人需具备以下三个条件：

- 工作速度快
- 工作质量高
- 工作时优先处理最紧急的工作

2. 拼命工作的人

简单地说，就是工作量超过薪资水平。如果你是社长，你会更重视"工作量超过薪资水平的员工"，还是"工作量不及薪资水平的员工"？你会为哪一种员工涨薪？会选择晋升哪一种员工？

人人都喜欢轻松，不愿意做自己不喜欢的或很辛苦的工作。

不过，不妨比别人多干一些，哪怕少量地挑战一下难度高的工作。那样的背影，才会令员工或后辈产生"我也要跟上"的动力。

3. 拥有核心竞争力的人

所谓"核心竞争力"，指的是在某一专业领域达到无人能及的水平。

以前的年功序列制和终身雇佣体系[1]，仍然在日本存在着。不过，这两种体系都在渐渐退出历史舞台。

现在的实力至上体系中，年轻人也能担任重要岗位，年纪轻轻就拿高薪的人越来越多。以前那种"不迟到、不休息、不工作"，只要老老实实来上班就能出人头地的时代已经结束了。

"什么都干不好的人"今后将无法生存。大家务必掌握一种无人能及的技能，哪怕只有一种也好。

---

1 年功序列制为日本的一种企业文化，以年资和职位论资排辈，制定标准化的薪水。通常搭配终身雇佣的观念，鼓励员工在同一公司累积年资到退休。终身雇佣是一种用人制度，指企业一经录用员工，除非员工主动离职或出于自身的责任，否则不会解雇员工，直到其退休。终身雇佣制与年功序列制、企业内工会是日本式经营的三大支柱，对日本经济发展有重要影响。但现在，这一制度也面临挑战和变化。——编者注

小 结

- 重视"汇报""联络""商议"
- 坏消息要尽早汇报
- 私事也要跟领导商量
- 领导的工作，就是激发员工的干劲儿
- 领导绝不能发火

第二部分

你的谈吐，
是你最硬的社交货币

闲谈是打开沟通大门的钥匙

四分钟留下好印象

在我看来，"谈话质量由刚开始的三分三十三秒决定"。四分钟以后，则决定了你与对方的关系性质。

如果在这短短四分钟之内，你成功地给对方留下了好印象，则万事大吉。否则的话，对方对你的印象会一直停留在"毫无特色的一个人""无趣的人""不受欢迎的人"或"讨厌的人"。在面试或营销场合，这段关系"到此为止"的概率几乎达到100%。

也许听起来有些夸张。但大家只要稍微回想一下，就不难发现这一事实。

让一个曾经讨厌你的人对你产生好感，是非常困难的，除非对方突然对你产生了极好的印象。同样，一旦被别人贴上了"讨厌的家伙"这样的标签，想要颠覆这种印象也要颇费一番周折。

可以说，如果谈话的前四分钟内没能给对方留下好印象的话，之后花几十分钟，甚至几小时，也很难去颠覆这种印象。

另外，如果一开始就给对方留下了好印象，那么这种好印象则会被长期保存下来。即使某一次不小心"搞砸了"什么事，对方也会原谅你，给你一个挽回的机会。

说到底，四分钟这一数字有什么依据吗？抑或，在这四分钟之内，到底说些什么才能给对方留下好印象呢？

第二部分将围绕这些疑问来为大家一一解答。

你越擅长闲谈，沟通就越顺畅

走进一家书店，你会发现竟然有这么多关于谈话方法的书，包括我写的书在内。

在很长一段时间内，以"闲谈"为主题的书尤其引人注目。有很多相关的书成为畅销书，包括"演示""谈判""演讲"之类，已经成为谈话方法类书籍中的一个大板块并常态化了。

这么多讲闲谈方法的作者异口同声地认为，"闲谈才是打开成功大门的钥匙"，对此我深表赞同。

或许，至今仍然有人认为"闲谈纯属浪费时间"，请大家务必重新确认一下想法。

闲谈，是沟通的润滑剂。通过闲谈，可以起到缓和气氛，增进了解的作用，从而让彼此产生好感。

因此，你越擅长闲谈，你与对方之间的沟通就会越顺畅，从而获得与陌生人亲近起来的契机。如果对方是领导，你能获得好的绩效评估；如果对方是客户，你则能更容易地谈成一笔业务；如果对方是异性，你能给对方留下好印象，变得更受欢迎。

考虑到能从中获取这么多好处，想必说闲谈是生存于现代社会的每个人的必备技能，恐怕也不为过吧。

■ 为什么你极其不擅长闲谈

我是在很早以前——大概是 1970 年第一次去美国时，深切体会到了闲谈的重要性。在那个年代，还很少有日本人去美国。所以那时的我对所见所闻都惊奇得不得了，感叹不止。

其中令我最惊奇的一点，就是美国人的气质都很明快，为人坦率，不拘小节。这种见面后很快就能熟络起来的文化让我受到了很大的冲击。

在日本，陌生人之间是不寒暄的，且尽量避免对视与交流。

然而，在美国的大学校园里，如果你不经意间与另一个学生对视了，对方会微笑着跟你打招呼："嘿！早上好！"对我而言，这是个不小的文化冲击。不仅是在校园里，在大街上也一样，如果你跟某个大叔对视了一下，对方也会跟你打招呼："嘿！年轻人！"

在那之后，我又去过美国很多次，乘坐美国国内航线的飞机时，也多次遇到邻座的人主动跟自己说话的情况。

"嘿，我叫约翰·史密斯，来自堪萨斯州。"对方自顾自地做自我介绍，并伸出右手来握手。所以我也回应道："嘿，我是箱田，来自日本东京。"并与对方握手。之后，对话大概会是这样："东京吗？来美国是因为工作出差吗？""我五年前也去过东京，东京很繁华呀！"或"因为工作出差而来，是什么样的工作？"闲谈就这样开始了。

在这方面，与其说日本人，不如说当时的我，还特别不习惯。年轻时，我也做过销售工作，为此可吃了不少苦头。

比如，有一次，我因公跟客户一起从东京到大阪。对方是一位比我年长十多岁的部长，在车程大约三个小时的新干线上，我简直如坐针毡，也不知道在车上说点什么好，很紧张，对方好像也觉得很沉闷，可把我愁坏了。

回想起来，我深切地感受到，如果当时能像美国人一样轻松愉快地闲谈该多好。

关于闲谈的技巧和重要性，学校从未教过我们。日本人也不像美国人那样，有在飞机上坦率地跟邻座的人聊天的文化。

我通过接触异国文化，下定决心克服自己不擅长闲谈的缺点。然而，遗憾的是，很多人终其一生都未曾意识到闲谈的重要性。

结果，他们找不到自己在人际关系、沟通、营销、说服他人方面失败的原因，只能在困惑中烦恼不已。

── "短短四分钟"的闲谈技巧

想要解决沟通中的问题，首先要学习闲谈技巧，尤其是无论何时、何地、对方是何人，都能通用的技巧。

话虽如此，但如果仅把闲谈当作一项技巧来学习，一不小心就会陷入学习的陷阱。自那一瞬间，"闲谈"本应有的"乐趣"消失殆尽，变成了仅为自己谋利的"枯燥技能"。这样一来，无论是在工作中还是在生活中，都不可能发自内心地去享受闲谈了。

所以，本书精心设计了闲谈的学习方法，避免大家陷入学习的陷阱。即设计了一个基准，也就是上文写的"短短四分钟"。

只要能成功完成四分钟的闲谈，之后的关系就一定能巩固。或者说，相当于为取得成功打好了基础。

如果觉得这四分钟的闲谈已经让双方之间的关系升温，则可以切入正题，谈得开心的话也可以继续谈下去，即使长期保持闲谈关系也未尝不可。

总之，只要把注意力集中到前面四分钟，并且掌握必要的技巧，后面的谈话就不会那么辛苦了。

四十一岁时独立创业，开始担任研修讲师的我，加起来已有近三十年的时间一直在教别人如何做演示、演讲和谈判等活动。

刚开始当讲师时，教室里面从来没有人跟互不相识的邻座说话。对他们放任不管的话，从上午九点到下午五点，都只听得到讲师一个人讲话，大家都彬彬有礼。当然，就连休息时间，教室里也是鸦雀无声。

我研究了如何把教室冰冷的气氛变得"明快""有趣""充满活力"的方法，怎样才能让沉默寡言、畏缩不前的日本人，在短时间内敞开胸怀，跟别人坦诚地对话，并把闲谈技巧程序化。

现在，在我的课堂上，气氛瞬间就能活跃起来，教室里面很快就会变得明快又热闹。休息时间，互不相识的同学也开心地聊着天。

这一"箱田式闲谈法"也受到关注，大和证券 SMBC 咨询株式会社、三菱 UFJ 研究与咨询株式会社等多家公司纷纷邀请我去举办研讨会。目前，我们仍然以"全面培训优秀人才的闲谈力、沟通力"为主题，在各地举办研讨会。

第二部分也将收录以上内容，包括见面技巧、打造良好的人际关系、说服技巧和道歉技巧等以闲谈为中心的广义上的沟通技巧。请务必掌握这些技巧，让它们从明天开始，为你的人生添砖加瓦吧！

衷心祝愿各位读者读了第二部分后，今后的人生会变得更加灿烂、充满乐趣与活力！

第一章　社交惯性

——前四分钟留下的印象会被长期保留

沟通质量由前三分三十三秒决定：三三三法则

提高沟通成功率

我一直在强调，人与人见面后的关系，由"三三三法则"决定。

"决定"的是什么呢？正如在上文提到过的，决定的是以后能否建立起良好的人际关系，项目能否谈成，以及面试能否被录用。也就是说，决定的是能否得到自己所期待的结果。

那么，这个"三三三"指的是什么呢？

三秒 = 见面瞬间的第一印象（容貌和服饰等外在）

三十秒 = 寒暄、自我介绍、交换名片等

三分钟 = 闲谈

以上时间加起来就是三分三十三秒。

美国心理学家莱纳德·兹宁，用"最初的四分钟"（The first four minutes）这一说法，提出了"双方之间的关系，由初次见面的前四分钟决定"的观点。

其实，三三三法则更加具体地把兹宁所说的"最初的四分钟"分解了出来，即拆解了在前四分钟如何营造出最佳见面场景，如何给对方留下好印象的具体步骤。

与此同时，兹宁所说的"最初的四分钟"的效力，不仅限于人际关系，在其他你不得不做但又感觉很麻烦的事情中，它同样有效。

例如，在学习和工作中也非常有效。也就是说，只要设法突破了最初的四分钟，之后就会产生惯性，直至忘记时间，一口气把作业或工作做完。在跑步中也同样有效，虽然刚开始会很痛苦，但时间一长就逐渐习惯了，直至产生跑到最后的决心。

同样，在人际关系中，这四分钟留给对方的印象，会被长期保留在对方的脑海中。

一想到就这么短短几分钟之内，一切就被决定了，估计有人会感到很恐慌。

不过，反过来想，只需要花费一些精力，在这么短的时间内做出一番努力，就能一举提高沟通的成功率了。

打造高质量的四分钟：熟知性法则

闲谈时间并非越长越好

也许会有人觉得，"虽说四分钟就决定一切，但是再多花点时间与对方多聊聊，应该能跟对方拉近距离"。

当然，这种想法的确有一定的道理。所以，我并不是说一定要把闲谈时间控制在四分钟以内。我要传达的是，"把主要精力放在前四分钟内"。只要能在前四分钟内给对方留下良好的印象，之后无论继续闲谈多长时间，都完全没问题。

不过，在我看来，闲谈时间并非越长越好，这也是无可争论的事实。

有一个人际关系法则，即美国心理学家罗伯特·扎荣茨提出的"熟知性法则"，不知道大家是否听说过？以下三个法则中，隐藏着利用闲谈与对方建立良好关系的重要启示。

第一条法则：人们对于陌生人会表现出攻击性、批判性、冷淡性。

第二条法则：随着对一个人的了解逐渐加深，对其好感也会增加。

第三条法则：当人们了解到一个人人性的一面时，对他的好感也会增加。

如果不了解这三个法则，闲谈无论持续多长时间，也只会以白白浪费时间而告终，双方都得不到任何好处。

所以，想让对方对自己产生好感，不要多花无益的时间，而要重视闲谈的质量和次数。而且，相比一次闲谈三十分钟，分成五天（五次），每次闲谈四分钟，更能给对方留下深刻印象。

增加让对方认识自己的次数

大家不妨回想一下初入高中或大学时的情形。互不相识的两个人，从第一天开始就成为亲密朋友，简直是天方夜谭。与邻座的同学打招呼、闲聊几句倒有可能，但必定彼此抱有警戒心。不过，一周以后、一个月以后，当初那种别扭感仿佛不曾存在一样，彼此之间已经变得亲密无间了。

如果你有过这种经历，就不难对刚才列出的三个法则表示认同了。

首先，第一条法则，对对方而言，自己是"陌生人"，因此对方会抱有很强的警戒心，反应会显得有攻击性、批判性和冷淡性。无论你事先读过多少本形形色色的"谈话攻略"，只要对方抱有很强的警戒心，你都不可能让他对你敞开心扉。

不过，只要你不言弃，多次挑战，就会像第二条法则讲的那样，随着对方对你的了解逐步加深，他就会渐渐习惯。即使是怕生的人，也会逐渐消除恐惧心理。所以，关键在于闲谈次数，而不是时间的长短。

如果还想进一步提高自己在对方心目中的好感度，就要像第三条法则讲的那样，让对方了解自己人性的一面。所谓"人性的一面"，直白地说就是工作之外的一面，生活中的一面。

为此，就需要"自我公开"，即像信息公开一样，把自己公开出来。公开自己，就是"自我公开"。从籍贯、毕业院校、血型、星座，甚至连自己喜欢的明星、爱好、休息日怎么度过都公开出来，把"自己是这样的一个人"的信息公开出来。到这一步，对方就会完全解除警戒心理，开始对你产生好感。

正确利用熟知性法则

在第二条法则中的"随着对一个人的了解逐渐加深"的基础上，扎荣茨还提出了"单纯接触效果"的理论。意思是通过多次反复接触，有提高好感和改善印象的效果。总之，还是刚才提到过的一点，即闲谈次数比时间更重要。

我现在住在镰仓市。镰仓市的市长，叫作松尾崇，年仅四十二岁，是我儿子的好朋友，他还来参加了我儿子的结婚典礼。他二十四岁时就参加了镰仓市议会的议员选举，并且以第一名的名次当选。市议会选举两次，县议会选举一次，他皆以第一名当选。三十五岁时参加市长竞选，他就以领先竞争对手一大截的票数，成功当选了镰仓市市长。

二十四岁时，他还是一个无名小卒，怎么就能以第一名的成绩当选议员呢？

他从参加选举的前一年开始，就每天早上站在镰仓站前面，面带微笑地跟路过的每个人打招呼——"早上好！我是松尾崇"，一个劲儿地反复说这句话。上班经过车站的上班族，也就逐渐记住了他的名字和样貌。到了选举的时候，尤其是那些不属于任何政党，也不知道其他候选人的选民（所谓的"浮动票"），自然而然地选择了自己熟悉的名字，即在自己的选票上写下了"松尾崇"的名字。

难能可贵的是，他在当选之后，还经常一大早就到车站入口处，向经过的每一个人打招呼。因此，他的知名度和形象得到了进一步的提升。得益于这一做法，他每次参加选举都能以第一名的票数当选。这一事实恰好印证了扎荣茨的"熟知性法则"，即见面的次数越多，好感度就越高。

以前的营销人员常说，"即使知道没有结果也要多去跑跑"或者"每次去一定要把自己的名片留下"等诸如此类的话。原因就是，对方需要经常接待你，这么做是非常有道理的。

闲谈也是一样，无论你是长达两个小时的畅聊，还是把时间分配到每天（每次），每天（每次）闲谈几分钟，都是明智的策略。

重要的是如何说：麦拉宾法则

重要的不是"说什么"，而是"如何说"

在沟通中，除了"三三三法则""最初的四分钟"和扎荣茨的"熟知性法则"，还有一个法则，是学习闲谈之前不容错过的。

那就是由我们上文中提到过的阿尔伯特·麦拉宾所提出的"麦拉宾法则"，这一法则认为，声调、外在、态度等"非语言性信息"，比谈话的内容，即表示说什么的"语言性信息"，更能给对方留下深刻印象。简单总结如下：

谈话内容（语言性信息）占 7%

外在印象（视觉信息）占 55%

声音印象（听觉信息）占 38%

果不其然，外在印象所占比重最大。具体包括姿势、表情、视线、服装、态度等映入眼帘的部分，即视觉信息占了 55%。

另外，声音印象，即声音的大小、强弱、语速、语调、音调等听觉信息占 38%。

以上两种信息加起来，我们会发现，谈话内容以外的因素，竟然占到了 93%，起着决定性作用。也就是说，对方在听取并理解你的讲话内容之前，已经根据你的外在表现做出了判断。

或许你会觉得不可思议，"果真如此吗？"不过，当你试着回想一下，你就能认同这种说法了。

举个例子，假设你面带微笑地说"我现在心情非常不好，特别伤心"，对方看到你会怎么想？当然，他会做出"这个人一点儿也不伤心"的判断。也就是说，相比较你所说的话（谈话内容），对方更容易选择相信你脸上开心的表情（外在印象）。

提起闲谈，大家很容易只把目光放在"说什么"，即谈话内容上。其实，我们应该明白，在冲击力更强的外在表现和谈话方式方面还有很大的改善空间。

也就是说，我们需要多去思考"如何说"，而不是"说什么"。

谈话内容越充实，非语言信息越丰富

当然，并不是说谈话的内容怎么样都无所谓。只是希望大家能牢牢记住，"非语言信息比语言信息"能带给对方更强的冲击这一事实。

只是，无论非语言信息多么丰富，如果谈话内容为零，也无法向对方传达任何信息。内容越充实，与对方的沟通越顺利，这一点毫无争议。

名人们每次做演讲，一定会随身携带演讲稿。他们已经提前对演讲内容做了反复练习，演讲内容越有吸引力，他们才能越加自信地发挥出丰富的非语言信息。

攻克第一印象：瞬间决定法则

初遇瞬间就能判断的八个特征

你觉得，在短短三秒之内，人们能处理多少信息？

某大型公司的人事部部长，给了我们这个答案的提示：

"因为要面试新员工，我每天会见很多人。应聘者一进入面试间，我就能立刻做出判断——'这个人不合适呀'或者'嗯，这个人给人的感觉不错，应该可以'。面试结果的 70% 由对方踏入面试间的第一印象决定。"

人们很容易通过观察你的外在，来判断你是什么样的人。见面的三秒之内，就已经得出结论了。

美国社会学家欧文·戈夫曼认为，人们按照以下这样的顺序去判断别人，从而得出对方是什么样的人的结论。

· 性别（男或女）

· 年龄（大概多大年纪，是否比自己年长）

· 外表（肥胖、个子高低、长相等）

· 服装（看起来很有钱，衣服品质一般等）

· 表情（这家伙好像很紧张，这个人面带微笑、给人的感觉很好等）

· 视线（眼神惴惴不安、这个人贼眉鼠眼等）

· 态度（这个人态度傲慢、这个人非常周到等）

· 距离（对亲近的人离得很近，对大人物和讨厌的人必然离得远远的）

以上八点，都是非语言性要素，即所谓的外在印象。根据以上八项，对方可以瞬间对你做出判断。同时，对方还会对你做出评价：这个人很优秀、这个人很讨厌、这个人很有才能、这个人没什么本事、希望今后继续来往、今后不想再打交道等。而且这种第一印象会长时间停留在对方的脑海中。

这一法则被称为"瞬间决定法则"。

八项之中的六项，可通过自己的努力来克服

短短三秒之内，八项特征被瞬间判断出来，是不是很震惊？

第一项性别、第二项年龄这两项都无法改变，但第三项以后的几项，则可以通过自己的努力来实现某种程度的改善。

我们会在各种场合与他人见面，包括面试、销售、演讲、谈判、相亲、联谊、约会等在内的工作和生活的一切场景中。

在这些场景中，首先你要看到对方，并让对方也看到你，之后的关系就基本定型了。

无意识中，就会为对方贴上诸如"嗯，感觉很不错"或"这个人看起来很穷"等类似的标签。

对方会观察你的样貌和眼神、表情，而体形、服装、姿势……
这些统称为身体语言。总之，无论是参与什么样的沟通，都必须
改善自己的外在形象。

找到你所欠缺的外在形象

现在我也在培养年轻的培训讲师。在这个过程中，我一直在
强调的一点就是，"讲师一定要注意外在形象"。

"请穿好一点的西服。"

"请佩戴色彩明快、质量上乘的领带。"

"手表请选购更高级一点的品牌。"

"鞋子也要买贵的，每天把它擦得锃亮。"

"请穿看上去很清爽，洗得干干净净的白衬衫。"

"包也请选购更贵的、知名度更高的品牌。"

改善衣品需要花钱，但这无疑是一项有价值的投资。

公司曾经有一位四十五岁的讲师，名叫 M。他整天拼命学习
NLP 和教练等方面的知识，周末也去研究生院上学，还取得了
MBA 学位。

虽然他一路走来顺风顺水，可是，作为讲师，却不怎么受
欢迎。

他这个人总显得有点寒酸，脸色青白、体形瘦削、体重只有
五十公斤的样子。尽管这么说很失礼，但从他身上完全看不到外

在魅力。

我向他提过建议，"不要再学习了，把体重增加上去""去健身房锻炼锻炼，把肌肉练出来""休息的时候多去海边晒晒太阳""把头发剪短一点，会显得更精神"。此外，还会加一句"多笑一笑，放声大笑"。

但 M 总是说"我这样就可以"，完全不听我的建议，一个劲儿地埋头学习。

我曾经硬拉着他去百货商场，帮他买了款式时尚、做工考究的新西服。还帮他买了清爽的白衬衫，以及名牌的鞋子和腰带，将这些作为礼物送给他。

可是，还是不行。

于是我只好逐渐减少他的工作量，最后把他辞退了。

相反，那些诚恳接受我的建议，把自己打扮得很精神的讲师，工作量都在增加，他们也越来越有人气。比起那些垂头丧气的讲师，那些拥有年轻的希望之星形象的讲师更容易被接受。

也请大家在自己的外在形象、穿着打扮方面多花心思。有这样一句名言说道："被录用凭外在形象，被解雇因工作能力。"

治疗惴惴不安的两个方法

当然，服装等外在形象虽然很重要，但与对方接触时的态度也需要多加注意。

无论是受理事务，还是与决策者见面、参加联谊、参加面试，其中最重要的都是你的眼神、表情和态度。

严禁表现出惴惴不安、心神不宁的态度。尽管在第一次来到的地方、第一次见过的人面前，表现出落落大方的态度没有那么容易，但是，要有意识地，以不为任何事物所动的悠然姿态去跟别人打交道。

我好像听到有人说——"这一点不用说大家也都知道"，可是，明明知道却做不到，可就糟糕了。

对应方法主要有两种。

第一种方法就是多练习，熟能生巧。这一点是理所当然的，不过，无法期待它快速生效。

第二种方法就是，尽量把让自己害怕的因素排除掉。

找工作的学生参加集体面试时，虽然大家都穿着应聘套装，但精心打扮一番能让自己充满自信，在心理上能占据优势，而且这一点很容易就能做到。

前三秒之内，恐怕只够打一声招呼，不可能开始闲谈。个人能调整的，只限于表情、举止、穿着打扮等非言语性沟通的范围。为了避免让这短短的三秒毁掉一切，请大家务必时刻注意这一点。

表情决定结果的好坏

微笑力比工作能力更重要

接下来的三十秒内，能给对方留下好印象的事，只有寒暄、自我介绍、交换名片等。本小节则围绕首先映入对方眼帘的"表情"来展开。

针对"公司中，得到好评的员工与得到差评的员工的区别是什么？"这一问题，密歇根大学的麦康奈尔教授指出，"区别不在于工作能力，而在于微笑力"。

作为一个成年人，从入职培训开始，就经常会有人告诉我们"微笑很重要"，所以大家应该都知道。可是，很多人会因为当天身体不适、心情不好或其他琐事，导致无法勉强露出笑容。其实，很多创业者、大人物，即使上了年纪也一直重视保持微笑，绝不能小看这一事实。

由于工作需要，我去过很多不同的企业做培训，经常见到企业的干部和高级管理者。我发现，很多管理者随着地位越来越高，为人也越来越大气，总是保持微笑。

反之，想必也可以说正是因为他们为人大气，总是保持微笑，才能从人群中脱颖而出，出人头地。

在闲谈中，一个时刻保持微笑、给人感觉很舒服的人，与一个一脸严肃、表情阴森的人，给人所带来的印象截然不同。时刻保持微笑的人更容易攀谈，之后的谈话也会变得兴致勃勃。

总而言之，要想实现成功的沟通，首先要牢记面带笑容，保持微笑。

成为销售高手的决定性因素

我在一份周刊杂志上看了一篇名为《受欢迎的男人，受欢迎的女人》的特辑报道。报道显示，受欢迎的男人要具备以下三个条件：

- 干净
- 亲和
- 多金

受欢迎的女人要具备的三个条件是：

- 漂亮
- 性格直率
- 健康、开朗

是不是有一种豁然开朗的感觉？

受欢迎的男人的第二个条件是要亲和，也就是总是面带微笑，从不会面露狰狞，这样的人才能让人放心地去攀谈。

我经常乘坐新干线。每次都能看见女性销售人员推着装有饮料、便当、三明治等食物的手推车来回售卖，而卖得好的人和卖得不好的人之间，有着很大的差别。

试想一下都感到不可思议。使用同样的手推车，售卖同样的商品，为什么会有那么大的差别呢？除了商品摆放方面有差别，最重要的是，销售人员推销的方式不一样。

卖得不好的人，只是机械地推着手推车，一边叫卖"需要便当吗？需要咖啡吗？"一边在车厢内往前走。

卖得好的人，则是不紧不慢地推着手推车，一边观察乘客们的反应，一边面带微笑地往前走。当有顾客抬起头，销售人员会趁机微笑着用明快的声音问道："需要饮料吗？"当然也会有眼神接触。

这么一件小事，就有着巨大的差别。当然，声音越大，越能让人觉得这个人充满活力，充满激情。

关于声音部分，下一节会继续展开。

任何人都能打造出令人产生好感的声音

站在客观的角度听自己的声音

销售人员的声音需要明快、穿透力强，那么商务人员需要有什么样的声音呢？

因激动而走调、快速且喋喋不休、保持一个调子自顾自地说，这些声音统统不行。尤其是年轻人，需要特别注意。

年轻人一不留神就会用"鹤的说话方式"。听说过吗？丹顶鹤，也就是一不小心就变得单调。[1]

年龄大一些的人中，也有人说话不带任何感情，只是简单地罗列词语，这样可不行。我们在讲话时要向每一句话都注入充沛的感情，要掷地有声地说。

尤其是大公司的管理人员、要员等，都会用强有力的、庄重的语调讲话。我们要像他们那样，讲话时注视对方的眼睛，掌握他们那种发自内心深处的坦率、诚实、认真的讲话方式。

话虽如此，但站在客观的角度听自己的真实声音，并没有那么容易。可以试着把自己正在讲话的声音用录音笔录下来，或者用摄像机把自己说话的样子录下来，你一定会感到愕然。

许多杂志编辑和记者说，他们有时会听自己采访时录下来的

---

1 日语中，"单调"一词的读音与"丹顶"的读音一致，此处为谐音。

声音，很多人觉得自己的声音过于幼稚、缺乏自信，因此在精神方面很受打击。

虽然我长年向别人传授说话方法和沟通方法，但是听到自己的录音时，还是会发现自己身上存在很多问题，深受打击。作为专业人士的我尚且如此，更何况作为业余爱好者的各位呢，看到自己的说话方式和态度后，你很可能会感到眼前一片漆黑。

声音中有五个改善点

那么，让我们一起来看一下，应该注意哪些方面。

就音色而言，低音比高音更具有说服力。女性中，有人时而声音高亢，时而声音渺渺，还有人喜欢用婴儿的声音说话，请一定要改正过来。

不妨去听一下女性播音员的声音，她们的声音是低沉的。

大家要知道，能否让对方认真听你讲话，取决于声音的以下几个要素：讲话速度、音色、音量、抑扬和重音、声音的粗细。

请大家务必试着自己核对一下。

走遍一圈打招呼

能够提高员工士气的行动

不仅限于寒暄和自我介绍，三十秒之内还有很多可沟通的内容，即本小节将要详细说明的打招呼。

尤其是在领导与员工的关系中，MBWA 非常有效——"Management By Walking Around"，这个术语在美国很常用，意思是"呼吁管理人员要走遍一圈，向每个人打招呼"。

领导巧妙地提高与员工的接触频率，能起到提高员工士气的作用。而不能只是坐在那里等着，领导应该更加积极主动一些。

这样做可以提高员工的士气，从而实现业绩上升。

"山本君，上次那个方案怎么样了？"

"铃木君，你儿子已经上幼儿园了吧？恭喜你呀！"

"×× 商店下周开业，加油哟！"

"佐藤君，你太太的病好了吧？"

戴尔·卡耐基说过，对于人类而言，最大的欲望就是来自他人的关心。通过用 MBWA 的方式向员工打招呼，可以表达你对员工的关心。

无论站在什么样的立场，打招呼都有效

MBWA 并不是管理人员的专属特权。大家无论站在什么样的立场，都可以去使用。

无论是在公司内部还是公司外部，主动地和其他人寒暄，积极地向其他人打招呼吧！当然，从沟通的角度出发，以下这几个注意事项还请务必牢记。

- 亲切的眼神
- 寒暄
- 微笑
- 赞美性语言

然后，再寻找合适的时机切入闲谈环节。

假如只是在走廊上擦肩而过，不便拉着对方闲谈，那么简单打一声招呼也是可以的，这一点非常重要。从一点点的小事开始，逐渐提高接触频率，人与人之间的心理距离就会渐渐缩短。

关于这方面的内容，将在后文详细展开。

攻克关键的最后三分钟

顺利地进入闲谈环节

在前面的小节中，我们主要讲了外在形象、自我介绍和简短的寒暄等沟通要素。但是，不进入最关键的闲谈环节，则很难拉近与对方之间的距离，也无法把自己的个人魅力展示给对方。

在受邀参加朋友婚礼时、研讨会或研修会上周围全是陌生人时、参加派对等活动时、周围全是不认识的人时、为了推销业务不得不与陌生人攀谈时，你会怎么做？

按照前面学习过的原则，在前三秒给对方留下好印象，接下来的三十秒寒暄并自我介绍后，却并不一定能顺利进入闲谈环节。

"我是 Insight Training 的箱田忠昭，昨天巨人队获胜了呀，坂本的本垒打发挥了关键作用……"如果像这样突然开始进入闲谈，对方会觉得"这个人是不是有毛病"。

这时候需要的，是顺利进入闲谈的技巧，以及与目的相对应的闲谈内容。

在三分钟的闲谈中取得最佳效果

"三三三法则"的最后三分钟，就是本部分主题的"闲谈"。我们把最初的三十三秒分为七个因素，在前文中做了详细说明。

从下一章节开始，我们终于要开始讲闲谈的具体技巧了。

在第二章中，我们讲到，想要学习闲谈的人，最需要的是与"初次见面的人"或"陌生人"建立良好关系的闲谈方法。

不过，这只是暂且应付闲谈的方法，称为基础更为合适，不仅限于初次见面，当对方是一直在打交道的领导或客户时，希望大家也可以使用。

在第三章中，或许稍显意外，我们将彻底挖掘"倾听的力量"。

如果只有自己单方面的讲话，闲谈则不成立。"让对方愉快地发言＝打开心扉"这一点非常重要。所以，我们要彻底挖掘闲谈中很容易被忽视的倾听技巧、提问技巧。

第四章则逐步进入应用篇。

从平时无意中的对话，到商务会话，都终结于对方开口说"No"。当然，当自己说"No"时，对方也会停止对话。那么，如何在谈话中，让自己和对方都不说"No"呢？如何才能把"No"变为"Yes"呢？我会把秘诀传授给大家。我这里有大量的妙招，可以帮助大家与对方拉近距离，也是大家绝对想要珍藏起来的妙招。

在第五章中，将为大家介绍专业级的闲谈技巧。

漫无边际的闲谈当然也很重要，但"漫无边际的东西"却没有固定的"型"。所以，看似简单，实则很难。一不小心，对话就进行不下去了，迫不得已提出个不着边际的问题，很有可能会遭到对方的嘲笑。在这里，我会把闲谈的结构教给大家，掌握之后，无论在什么场合都能使用，即闲谈的"型"和"规则"，并为大家列举一些具体事例。此外，我还要向大家传授如何在谈话中加入幽默感的诀窍，这也是最难的一点。请把它看成一项不分性别、不限年龄的最强教诲，有助于使你变得"受欢迎"。

根据实际状况灵活运用以上技巧，或者把它们组合起来使用，这样的话，无论遇到什么样的对手、在什么样的场合，都可以通过关键的最后三分钟，取得最佳沟通效果。

第二章　恰到好处的闲谈

——三分钟迅速拉近与陌生人的关系

▬ 不能忽略的谈话结构：三好法则

首先要抱有善意

初次见面，到底说些什么好呢？当然，虽然平时要在某种程度上积累素材，但是闲谈也并不意味着就能忽略谈话的结构。

不过，在这之前，还有一个重点，那就是"三好法则"。

所谓"三好"，指的是"好意""好感""好印象"。

初次见面时，首先应该做的一件事就是，你要努力对对方抱有好意。

的确，把讨厌的东西变成喜欢的东西绝不容易。初次见面，从某种意义上来讲，并不知道对方是好还是坏。有时候，人们只看外表就能立刻做出是喜欢还是讨厌的判断。所以，采取"这个人一定人品很好""这个人身上一定有值得我学习的地方"的姿态非常重要。

在你努力让对方对你产生好感之前，要记得，你要先对对方抱有好意。

能给对方留下好印象你就赢了

不可思议的是，对方一定能领会你内心的情绪。

或许大家会想"这种话，我早就听腻了""自己的心能被其他人读懂？别骗人了"。

不过，在你跟别人打交道时，应该有过这样的经历，即能感觉得到"这个人对我好像不感兴趣""他好像不喜欢我"。人们对于负面情绪更敏感，更容易察觉出来。

所以，当你在心里想"这个人真讨厌"，或者"这个人可真好"时，这种想法一定会传达给对方。并且，理所当然地，人们会对对自己有好意的人产生好感，这种好印象会持续保留很长时间。

初次见面时，只需要考虑如何给对方留下好印象，这就足够了。

用赞美找话题

寻找能传达好意的话题

那么，要想传达好意，具体应该怎么做呢？

只要是真诚的好意，都能传达给对方。可是，关键的谈话却无法进行下去。

如果以天气作为话题开头，的确是有效的，比如"好热呀！今天竟然有三十三摄氏度"。可是，讨论天气的话题能给对方留下好印象吗？

答案是"No"。

那么，谈论爱好相关的话题呢？

"日本的足球也变强了呢"这样的话，在初次见面中可不是个好话题。如果对方对足球不感兴趣，岂不是很扫兴。

正确做法是讨论"赞美"的话题。

"这块手表的文字表盘很有氛围感呀！感觉很高级。"

这样赞美对方，是给对方留下好印象的有效方式。与天气和足球的话题相比，对方对你的好感度会大幅提升。没有人听到别人夸自己会生气，不会有人说"哎呀，你在夸我呀，千万别夸我"。

确保赞美的时间

在这个阶段，你对对方的性格、信仰之类的人性侧面还缺乏深入了解，所以最安全的做法是先从对方的饰品、服装、外貌等一眼能看到的地方夸起，要养成当场赞美对方的习惯。

重点在于，不要仅限于口头上的赞美，而要"认真地""全身心地"赞美。"你这块手表真不错，话说回来，今天的产品呀……"这样说的话，对方会退缩。因此，应该花足够的时间，去充分地、全面地赞美对方。

无论哪种类型的沟通，都是从"初次见面"开始的。回想起来，十几年的朋友，不也是从初次见面开始的吗？

总之，请把赞美看成人际关系的基本，千万不要畏首畏尾。去多多地赞美别人吧！

好的闲谈，需要最佳的契机：魔法提问

谈话一定会顺利的要点

无论是闲谈还是会议，"聊得起劲儿"是最理想的状态。

初次见面时，一定不能双方都沉默不语，请务必抓住"让话题活跃起来的契机"。

要想让话题顺利地活跃起来，不妨提前准备几个"小问题"，并以此为契机，使话题继续延伸下去。谈话是沟通，同时也像投接球游戏。如果双方都很擅长讲话和提问，话题就会在一问一答中渐渐活跃起来。

举个例子，销售人员最头疼的就是在访问其他公司的社长时闲聊。与年龄、价值和立场都截然不同的人闲聊，可谓天下最难的事。一般情况下，销售人员总是谈完正事就草草结束了。

我年轻时，因为不会说话又害羞，总是畏缩不前，闲聊之类的压根儿不会。

不过，有一次，一个培训讲师教给我一个办法——使用"魔法提问"。

从那以后，我终于能顺利地跟别人闲聊了，也因此找到了自信。

所谓"魔法提问"，就是下面这句话：

我想问您一个问题，可以吗？

利用"魔法提问"，闲谈能变得顺利

当你提出这个问题时，对方的回答百分之百会是"什么问题"这一肯定的回答。

除非对方性格相当怪异，否则不会有人回答说"不要问"。

或者，你也可以这样提问："我有一个问题想向您请教，可以吗？"

接下来你可以说："其实我早就想向您请教了，社长您从事这份工作的契机是什么？"类似这样，提出一个令对方很容易回答的问题。

于是，社长就会开始讲他年轻时多么辛苦、如何创办了这家公司、经历过多少困难等。

你在听的时候，可以时不时说一句积极的附和，"您太厉害了""太令人吃惊了""真不愧是您"。然后再继续提问："那之后怎么样了？"适时地为话题注入润滑剂。

这样一来，对方会很满足，会对你说"下次再来哟"。并且，对方内心会觉得"这个人真不错呀"。

不仅在工作中，在生活中我也经常运用魔法提问。多亏了魔法提问，让我的闲谈水平实现了飞跃性的提升。

"魔法提问"也有定式：沟通起动机

发起代表性问题

魔法提问——"我想问您一个问题，可以吗？"的下一个问题，也很重要。为了让话题继续发展下去，需要有一个"沟通起动机"。

所谓"沟通起动机"，指的是无论对方是谁，都能放心使用的第一个提问（如果把魔法提问看成第一个提问，那么接下来的沟通起动机就是第二个提问）。

询问对方的籍贯，"佐藤先生，您是哪里人？"这个问题不会得罪人，可以作为第一步提问。如果对方回答说"我是茨城人"，而你脱口而出"茨城吗？那里的田园风光很美呀！"就很好。但如果说"那可是日本人烟稀少的一个县"，那就没有比这更冒失的做法了。假如一时想不起应该赞美什么，也要让自己尽力去赞美。

"茨城吗？那里最近人气很高呀！"

"之前电视上介绍过，那里有筑波山、霞浦湖、袋田瀑布等众多优质的观光资源……"

你还可以继续提出各种关于茨城的问题。

每个人都热爱自己的故乡。此外，你也可以问对方现在住在哪里。

总之，极力赞美的习惯非常重要。对方会因此心情大好，从而对你产生很好的印象。

年轻人的沟通起动机

作为其他沟通起动机，也可以这样提问：

"泽崎先生，您的爱好是什么？"

"伊藤先生，您平时会做什么运动？"

如果对方是年轻人，也可以这样问：

"户田先生将来有什么梦想？"

可以像这样试着向对方提出各种容易回答的问题。如果听到其中某个问题，对方开始两眼放光地说起来，就说明这个问题提对了，之后就可以以这个话题为中心来推进闲谈。

"籍贯""现住地""爱好""运动""梦想"……这些提问素材，到目前为止我已经用过几百次了，每次对方都会很愉快地回答。

闲谈的目的不是让你说个不停，而是让你在初次见面中给对方留下好印象，并且让话题活跃起来。

人们常说，"通过向别人倾诉，可以疗愈自己的内心"，即通过让对方尽情倾诉，使对方的内心得到疗愈。这样一来，对方就会对你产生好印象。

不过，在向对方提问时，应该提前了解一下 NG 事项（不好的事项）：一般包括政治、宗教和过于私人的问题（关系好了之后什么话题都可以聊）。如今，还要注意避免提容易被人误认为骚扰的问题，如年龄、相貌、婚姻状况等，这些问题在初次见面时都不要提。

■ 寻找相似点：LIKE=LIKE 理论

人们会喜欢跟自己相似的人

"LIKE"一词中，蕴含着什么含义呢？对，是"喜欢"。不过，它还有另外一层含义，即"相似"。

"LIKE"蕴含着两层含义，我们可以认为，人们喜欢跟自己相似的人相处。

如果对方说"我是巨人队坂本的粉丝"，你就可以说"坂本勇人对吗？他个子高高的，长得很帅，我也喜欢他""他今年还会继续打吗？他都已经成为教练了呢！"像这样来赞同并附和对方的话。

以这样的感觉谈话，找到自己和对方之间的共同点，谈话就能顺利进行下去。

我把它称为"LIKE=LIKE 理论"。

我们都喜欢跟自己相似的人。当对方觉得"这个人跟我很像""这个人跟我一样"时，他就会对你敞开心扉。

如果你知道对方喜欢打高尔夫，你可以说"部长，听说您高尔夫打得很好呀""其实我也是从学生时期就开始打高尔夫了，虽然打得不太好"，瞬间就能拉近你与对方之间的距离。像这样，由于跟对方有"共同的爱好"，理所当然地，很快就能跟对方亲近起来了。

另外，如果总是喜欢吹嘘自己，希望被别人看到，想要被别人认识到自己很有能力的话，就会总是在对方面前提起报纸上看到的新闻以及业界的热门话题。然而，这样的话，就只能进行表面上的对话了。

共同的朋友能快速缩短社交距离

拥有"共同的熟人"也是增加亲近感的一个秘诀。想必大家也都有过这样的体验，知道与对方有共同的朋友的那一刻，之前那种不和谐的关系会消失得无影无踪，突然就像彼此认识很久了一样，开始聊得起劲儿。

前面提到过，我的妻子以前曾是日本航空的空姐。我跟她第一次约会时，提了一个这样的问题：

"你认不认识同样是空姐的塚原佳子？"

"当然认识，她是比我早一年的前辈。我们曾经多次飞同一个航班。她个子高高的。"

"真的吗？她是我大学同学的未婚妻，他们明年3月就要结婚了。"

"哦？是真的吗？箱田君的朋友，和塚原前辈？真好呀！"

围绕这个共同的朋友，双方聊了很多，目的是寻找共同点。因此，瞬间拉近了我和她之间的关系。

签约前的快捷方式

我年轻时从事职业讲师的同时，也从事过销售工作。

有一次，因为对方很难缠，所以迟迟无法进入正题开始谈业务。不过，在谈话过程中，我发现对方的负责人"好像是茨城人"，因为他发音的声调比较独特。

"部长，如果我没猜错的话，您是茨城人吧？"

"是啊，你能听出来？"

"是的，其实我是土浦的。"

我们就这么聊起来，部长迅速露出了笑容，变得话多起来了。

"是吗？箱田先生是土浦人呀！跟我一样！那么，你是不是土浦一高的？"

于是，双方变成了前辈和后辈的关系，为签订合同创建了快捷方式。

讨厌的东西也可以成为共同点

不需要对任何东西都表示"喜欢"，"讨厌"的东西一样的话，也能成为共同点。

"那个明星，我无论如何都喜欢不起来。"

"我也非常讨厌他。"

这其实也是共同点。

"我不太喜欢吃西红柿。"

"是吗？我也不爱吃。"

这样话题也能活跃起来。

"你来自哪里？"

"我来自奈良。"

"我来自京都。"

尽管不完全一样，但如果把范围扩大到关西的话，也算是共同点。所以聊地域也是一个好办法。

老实人吃亏，圆滑者得益：共情

越是有否定习惯的人，越不自觉

与对方保持步调一致，叫作"合拍"。从 LIKE=LIKE 的理论基础来看，人们果然还是会对与自己合拍的人产生好感。

就这一意义而言，习惯在无意识中否定对方的人，请务必注意。

"那不可能。"

"我不感兴趣。"

"不是那样的。"

这样的回答与共情相反，称为"反共情"，意思就是不合拍。

假如内心真的这样想，就直接把想法说出来会怎么样呢？无疑，会遭到对方的讨厌。

明明知道会有这样的后果，可是问题在于，已经养成了否定习惯的人，往往缺乏自觉。他们自视甚高，动不动就否定别人，却不愿意承认自己的缺点。

不可忘记闲谈的目的

假设对方说"今天真热呀"，且一边擦汗一边跟你说话。你会说什么？试着用共情的方法去思考一下。

拒绝否定行为。尤其是前面提到过的有"否定习惯"的人，更要多加注意。

如果说"我没觉得有多热呀""没有吧"，则完全不合拍。

请不要迷失自己的目的，不能无所顾忌地把自己的真实想法说出来。

"确实，今天真热。我把空调的温度调低一点吧？"

"真的太热了。我给您拿一杯冰水吧？"

在商务活动中，闲谈的目的是与对方产生共情，从而让对方对自己有好感。

最糟糕的做法是无视对方所说的话。

即使对方看起来像是在自言自语，也不能认为"不是跟自己说的"，而没有任何反应。无反应等于不关心，是沟通中的一大禁忌。即使对方说的话很无聊，也要用共情来回应——

　　"就是啊……"

与对方步调保持一致

避免反驳

　　当然，当你的信念、信条遭到否定，认同感的基础被动摇时，你会想要反驳对方。但是，为安全起见，最好不要那样做。

　　戴尔·卡耐基曾说要"避免反驳"。

　　不发表自己的意见，无论对方说什么都表示赞同，也许有人会觉得：这不就是好好先生吗？

　　其实不然，这并不是说不要发表自己的意见。关键在于，首先肯定地接受对方的意见，与对方保持步调一致。不顾一切地坚持自己的意见，伤害对方的感情，只会导致自己一无所获。正确的做法是，之后再找反驳的机会，这样的机会多的是。

　　为了达到工作方面的目的，请先把与对方建立良好关系放在第一位。

一 共情的力量

共情力助你在初次见面中更受欢迎

初次见面时，如果你与对方合拍，双方会更加默契。于是，对方会变得更好说话，心情也会变得更好。这样一来，对你产生好感就只是时间问题了。

接下来，我们来学习几个与对方产生共情的具体方法。

共情包括以下三个领域。

· 身体语言（Body Language）

· 氛围（Mood）

· 语言和说话方式（Words）

在这三点上巧妙地与对方合拍很重要，我将其称为"BMW 法"。

幼儿园的老师是共情高手

幼儿园的老师在跟孩子们讲话时，会蹲下来，使眼睛与孩子们的眼睛保持同一高度（B：Body Language）。如果孩子们很开心，老师会跟他们一起笑，对因为摔跤而哭泣的孩子，则露出很担心的表情（M：Mood）。措辞也自然而然地跟孩子们保持一致（W：Words）。

这是在三个领域都能与对方产生共情的最佳范例。

请大家一定要学会这一把对方的年龄、性别、立场等考虑在内，使自己与对方合拍的共情技巧。

身体语言保持一致：镜子效应

观察对方的动作

产生共情的三个方法中，我们先来介绍第一个方法，即"身体语言"。

"身体语言保持一致"，就像把对方的动作照在镜子中一样，自己也采取同样的动作，称之为"镜子效应"。

一位心理学家做过一项调查，调查对象为一对关系很好的情侣，调查发现两个人的动作竟然完全一致。

男士往前探出身子后，女士也不自觉地探出身子；女士端起咖啡杯，男士也端起了咖啡杯，简直就像提前约定好了一样。

通过这一在心理学上得到验证的镜子效应实验，我们可以总结出以下结论：

·互有好感的两个人，无意识中会有相似的动作。

·对于模仿自己动作的人，自己会在无意识中对对方产生好感。

·模仿对方的动作后（有意识地），对方会在无意识中对你产生好感。

按照这种思维方式，如果对方动作缓慢，你的动作也可以缓慢一些。如果对方喝茶，你也可以喝茶。如果对方望向窗外，你也可以望向窗外。

当你采取与对方一样的动作时，对方的情绪会缓和下来

当你反复采取与对方一样的动作时，对方在无意识中会把"这个人很好"的信息储存在大脑中。请在手势、坐姿和站姿、手和脚的位置以及面部表情等所有眼睛看得见的方面，与对方保持一致。

我也曾经在工作上出了问题而道歉时巧妙地使用了这个方法，对方的情绪因此缓和下来了。

不过，如果模仿得过于明显，被对方发现了，可能会误会你是在嘲弄他，所以要注意把握分寸。不要做完全一样的动作，而是要与对方动作的节奏保持一致，这是关键所在。

渲染气氛，对方更容易说话

喜怒哀乐也与对方保持一致

接下来，我们来看共情的第二个领域，即"氛围"。

与广播的频率保持一致，称为"调谐"；共情中，我们也把与对方保持一致的氛围称为"调谐"。

氛围，又可以称为喜怒哀乐、热情、明快、阴暗、寂静或平静等感情状态，以及信念、价值观、思考方法、感觉等。

比如，当对方脸色晦暗时，自己也应与对方保持一致的氛围，压低声音倾听原因即可。

"我儿子得了重感冒，住院了。"

"你儿子感冒了呀？你肯定很担心吧？我今年冬天也是因流感而苦不堪言。"

这样与对方调谐，也表达了自己郁闷的负面情绪。

负面氛围也能转化为正面氛围

不过，也许大家会担心，"正面氛围的话问题不大，负面氛围的话，会不会导致话题无法进展下去？"

请放心！如果双方都持负面情绪，负负得正，也就能转化为正面的关系了。这绝不是歪理，人们向他人倾诉自己的负面情绪，得到对方的倾听后，心情会因此舒畅起来。所以，请充当一个全面的倾听者。

这就是调谐的效果。

▬ 说话节奏与对方保持一致

需要保持一致的还有语速、表达方式和音量

共情的最后一个领域，是"语言和谈话方式"。

从声音的高低、大小和语速等方面与对方保持一致的谈话方式，称为"匹配"。其中比较重要的是语速、表达方式和音量。

在语速方面，对于说话慢且很有礼貌的人，你也要同样慢慢地、有礼貌地说话。相反，与语速快的人谈话时，你也要有意识地加快节奏。

当对方讲话语气大大咧咧时，你也要采取大大咧咧的谈话方式。当对方喜欢用外来语时，你也要有意识地多用外来语。

在句子的长短、专业用语、表达方式、语调等方面，也请尽量与对方保持一致。

举个例子，当对方对你说"今天好冷呀"，你不能用一个简单的"就是"来回应，"嗯，今天真的太冷了。"——这样说，用了一个跟对方一样的字"冷"，并用同样的语调去回应对方，

效果会更好。

音量方面也是一样，如果对方说话声音很大，那么你也要大声地说，如果对方说话声音很小，你也要小声地说。

人们会根据是否与自己合得来去选择

遗憾的是，对于跟自己不一样的人，我们无论如何都喜欢不起来。世界上的战争和歧视至今仍未消失，这么说虽然有些夸张，但事实上，人类的这种偏见和思维习惯不仅表现在外在和性格上，还表现在说话方式的差异上。

对于语速快的人，如果你半天才给出回应，对方会怎么想？对方会因为你跟不上节奏而急躁，会觉得"不行，这家伙太迟钝了"。

如果想让对方对你产生好感，你在谈话方式方面也应积极地跟对方保持步调一致。

多说一句话，就能颠覆初印象

只会鹦鹉学舌，谈话无法进行

谈话的大前提——包括闲谈在内，是"进行下去"。尤其在初次见面时，应该避免出现突然冷场的状况。

有一个方法能够避免出现这种状况，即"多说一句话"。仅此就能让话题变得活跃起来，并且能继续进行下去。

假设有一位前辈约你在一家新开的意大利餐饮店一起吃饭，跟很多同事一起。

"这个红酒怎么样？产自玛歌，很好喝哟！"

"是产自玛歌吗？"

这么说，的确也做到了共情，但是没有冲击力，话题就会因此中断了。这种谈话方法属于"鹦鹉学舌法"，虽然也是一种共情，但达不到让"话题继续下去""话题活跃起来"的目的。

Plus one（多加一句）

所谓"Plus one"，指的是另外多加一句话。

比如，在寒暄时，多加一句什么话好呢？

"早上好！"

"早上好！"

这是普通的做法。

"早上好！"

"田中先生，早上好！"

这么说怎么样？喊出对方的名字，对方知道你在跟自己打招呼，会产生亲近感。

在此基础上，再增加一个"回合"，即在鹦鹉学舌的基础上，加入 Plus One，试着再问一个问题。

"早上好！"

"田中先生，早上好！您这是要出差吗？"

这么问怎么样？对方肯定会做出回答。

"太热了，我正准备去海边呢！"

"天气很好，我正想着去登山呢！"

然后谈话就能围绕去海边或登山继续下去了。

"海边？真好呀！这个季节，海边一定很美！"

"去登山？那可是很消耗体力的呀！"

接着谈话就会以投接球的形式，围绕这个回答继续下去了。

提出问题后，当对方开始讲话，请切记要"认真听到最后"。

第三章 倾听的力量

——擅长倾听的人更容易收获好感

如何做到不说话，却让别人觉得你很会说话

会说话的人是擅长倾听的人

自古以来，就有这样的说法——"会说话的人是擅长倾听的人"。

假如你是销售人员，正在跟客户讲话，当话题突然停下来时，你应该怎么办呢？

这时候，能派上用场的技巧，就是提出一个对方很容易回答的问题，然后认真倾听对方讲话即可。

听的时间越长，你能掌握的信息就越多，便可以由此找到后续谈话的线索或共同点，对方会因此感到满足，关系自然就好起来了。

另外，不仅限于自己的想法或看法，人们还特别喜欢有人听

自己炫耀。人类就是这样一种生物，无论是谁，对于认真倾听自己说话的人，都不可能不产生好感。

所以，在本章中，我们主要来学习一些倾听技巧。

善于倾听，就等于善于说话

戴尔·卡耐基作为研究谈话方式的第一人，是 20 世纪最了不起的研究者之一。

有一次，卡耐基在纽约参加一场富豪云集的晚会，有一位衣着华丽的年轻女性向他走来。

"打扰了，您就是在谈话方式领域闻名遐迩的卡耐基先生吧？我经常要当众发言，可是又不擅长发言，为此感到很苦恼。您能不能教我一些窍门？"

"当然，举手之劳。我听说您前段时间去非洲狩猎了呀？"

"是的，上个月刚回来。"

"哇，太厉害了！像您这样的妙龄女士，竟然敢到非洲去，可真了不起呀！您是和谁一起去的？"

"嗯，跟我丈夫一起去的。"

"原来如此，您丈夫一定很勇敢、很强壮！"

"那倒是，没有人比我丈夫更值得依赖。"

"能详细讲一下您在非洲狩猎的经历吗？我很想听。"

"眼看猎物离我们只有五英尺了，我和我丈夫一起……"

"然后呢？"

……

"一枪打中了吗？"

……

"太厉害了！当时感觉如何？"

围绕狩猎的话题，这位女性连续讲了近一个小时。卡耐基则不厌其烦地提问，充当一名忠实听众。

这位女士临走时说的话，正是我想要传达给大家的重点：

"真不愧是卡耐基先生，您太会说话了。时间一眨眼就过去了，而且聊得很开心。谢谢您！"

其实，卡耐基基本上没说什么话。他只是作为"一名忠实听众"，在认真地听这位女士说话而已。

尽管如此，却得到了"会说话"的评价。

不会说话的人，更应该学会倾听

闲谈时，应该以什么话题作为主题呢？当话题突然中断时，应该怎么办？很多人一直把自己定位为讲话者，担心自己无法顺利应对，并为此苦恼不已，"这么不会说话，该怎么办才好呢？"

然而，通过卡耐基的这件逸事，我们可以发现，只要你认真倾听对方讲话，对方就会认为你擅长讲话。

狩猎的逸事之后，卡耐基说过这样一段话：

"太不好意思了，我基本上没说话。我只是在听对方说话而已，竟然就说我会说话。"

也就是说，即使你不擅长说话也没关系。

卡耐基有了一个重要发现，即只要擅长倾听，对方就会认为你很擅长说话。正因为他是第一个发现者，所以这个结论很有分量。

如何采取不令人讨厌的倾听方法：控制无意识

情绪会表现在态度上

令人讨厌的说话方式，比受人喜欢的说话方式要简单得多。

当对方正说话时，你突然插一句"话说回来，换个话题"，把对方正说的话拦腰截断。毋庸置疑，你肯定会被对方讨厌。

"不要再铺垫了，请直接说结论。"

"我现在时间有点紧张，请长话短说。"

类似这样说截断对方的话，对方会彻底失去热情。

最糟糕的做法莫过于说"我知道了，知道了，你不用说到最后。简而言之就是这么一回事对吧？"

或者，如果已经打定主意要放弃今后和对方的关系，那么请在对方说话时不停地看时间、抖腿、看向别处，向对方传达你感到很无聊的信号。

估计大家会想，怎么可能会有人有意那样做。但是，请大家回想一下自己的经历。在无意识中，是不是充满自信地断言绝不可能？实际上，人在感到无聊时，会毫无意识地通过语言、态度和表情表现出来。

听对方讲话时，要做到"有意识"

当你听到"要想让对方对你有好感，一定要认认真真地做一名忠实听众"这句话时，或许会觉得这是说教，而且太理所当然了。可是，为了避免内心在无意识中暴露出态度，还是请牢牢记住这句话。

请表现出认真倾听的态度，并仔细听谈话内容，直到对方说完。只要做到这一点，对方至少不会对你产生负面印象。

坚持听到对方讲完，需要具备一定程度的忍耐力。平时就要多加留意，并养成认真倾听的习惯。

适当附和是最基本的倾听

让对方感觉到被倾听的最简单的方法

当对方觉得"这个人听得很认真"时，他会比较安心。对方安心了，话题才能拓展、延伸下去。

那么，令对方能感觉到你听得很认真的信号是什么呢？

首先就是附和。

以前，铁匠相对而坐，轮流挥动铁锤敲打钢丝，连呼吸都要互相配合。在这一意义上，称之为"附和"。

让双方之间的对话像投接球游戏一样持续下去的方法之一，就是"附和"。如果没有附和，对方会产生怀疑——"他在认真听我说吗？"

这样的话，也就无法安心地把谈话继续进行下去。

aiueo 效应[1]

我一直这样教大家，即附和时要用"a、i、u、e、o"。

---

1 此处将原文"あ、い、う、え、お"（日语五十个音里的五个基本元音，五十音图中的第一行）替换为拼音中与其日语发音接近的拼音字母 a、i、u、e、o。

a＝啊，是吗？

i＝咦，太令人吃惊了！

u＝哇，真的吗？

e＝欸，简直太厉害了！

o＝噢，原来如此！

啊、咦、哇、欸、噢。

假如用同样的表情来分别表现"a、i、u、e、o"，开头用语气词来表示附和，有两点需要注意：

一是反复练习，直至能做到条件反射式的附和。

如果在不恰当的时机，一惊一乍地来一句"哇，真的吗？"气氛会变得很尴尬。

因此，需要平时多加练习，直至能做到在最好的时机附和对方。

我们经常会看到有的大叔在看电视时，一边看一边为电视节目插入逗哏，请用同样的要领，试着附和新闻节目——这是一项非常好的练习。

二是在附和时，不要忘记"加入变化"。如果只是不带任何感情地应付，容易显得很呆板。

如果不管对方说什么，你都说"啊，是吗？"是不是会给人漫不经心的感觉？正确的做法是应该张弛有度地、以各种各样的模式来表现附和。

"h 开头语气词"的惊人效果

作为富有变化的附和，除了"a、i、u、e、o"，还有"h 开头语气词"。

Ha= 哈哈，这样啊！

Hi= 嗨，太令人吃惊了！

Hu= 呼，原来如此呀！

He= 嗬，那样啊！

Ho= 嚯，我真服了！

像这样，加入"h 开头语气词"的附和，能让对方感到你"认真在听"。我把它称为"惊人效果"。

最擅长附和的，莫过于访谈节目的主持人和艺人们。他们总是能运用各种变化无穷的附和。明石家秋刀鱼和黑柳彻子等主持人会运用各种各样的附和，真是令人钦佩！不妨多看看他们的节目，娱乐的同时也能学习。

从附和的"a、i、u、e、o"，到"ha、hi、hu、he、ho"，应该有意识地反复使用。

无论是讲话者还是倾听者，眼睛都很重要

几十年来，我一直致力于向别人传授谈话方式和演讲方法。我坚信，各种各样的方法都有一个共同的前提，即演讲者和倾听者之间的眼神接触。

不正视对方眼睛的人，绝对不可能说服对方。希望对方购买自己颇有自信的商品时，期待对方做出决定时，向自己喜欢的人告白时，如果不看对方的眼睛，大概率不会成功。你眼睛看着别处，嘴上说"阳子，我喜欢你，我们结婚吧！"是不可能打动对方的内心的。

其实，看着对方的眼睛，不仅对讲话者很重要，对于本章中讲到的"倾听者"而言，看着讲话者的眼睛也是一项重要技巧。这样做，讲话者才会感觉到"这个人在认真地听我讲话"。

看着对方的眼睛讲话

目不转睛地盯着对方的眼睛，其实很难做到。

大多数日本人都比较害羞，特别不擅长看着对方的眼睛，好像很多人有视线恐惧症。当对方是美女、帅哥，或者声音很大时，自己就会变得谦卑、胆怯起来。这一点我深有同感。

我之前就是这样。我在外资企业担任销售员时，当时的部长这样说过我：

"箱田君，你的英语很好，业绩也相当不错。不过，我对你有一个小小的建议，你跟别人讲话时完全不看对方的眼睛。虽然我知道很多日本人都这样，可是你尤其严重。"

从那以后，我开始努力做到正视对方的眼睛。

关于如何去看对方的眼睛，有人说看两边眉毛中间的地方，有人说看鼻子周围的地方，也有人说看嘴的周围，众说纷纭。可是，眼睛拥有传达感情的力量，不然就不会称为眼神接触了，我还是推荐大家干脆就直视对方的眼睛。

即使不擅长说话，也可以直视对方的眼睛

只要看着对方的眼睛就行，在某种意义上也不失为一种简单的沟通方法。

所以，自认为"我不擅长说话，不擅长沟通"的人，简直可以拍手称赞了！因为只需要在听对方讲话时看着他的眼睛，就可以提高沟通效率。

如果你不擅长说话，请不要着急，只需充分发挥眼睛的力量，津津有味地倾听对方所说的内容，成为一名"忠实听众"就可以了，对方对你的信任度自然会增加。

因此，请大家在平时认真练习，使自己能自然地跟对方产生眼神接触。

恰到好处的微笑能安抚对方的情绪

练习展现"黄金笑容"

另外一个可以称为"倾听的基本方法"的，就是面带微笑地听对方讲话，在前文中我也提到过这一点。正如戴尔·卡耐基所说："没有任何东西像微笑那样，既不费任何本钱，又拥有极大效果。"

沟通时严禁一脸严肃。当初开始创业时，我需要养育三个正在长身体的儿子，还背负着房子、车子和别墅的贷款。创业初期，我的严肃总是轻易地流露在眼神和表情上，脸上从来没有过笑容。

现在，我则被称为"拥有黄金笑容的箱田先生"（或多或少是自封的）。这在我年轻的时候，是很难做到的。尽管过程比较痛苦，我还是坚持站在镜子前反复练习，就是为了能在听别人讲话时自然地保持微笑。

有数据显示，不会笑的人容易失败

我的工作是教人学会更高效的谈话方式，更顺畅地处理人际关系。我现在觉得，在一切有人际关系存在的场合，微笑都是头等重要的。

学校里，爱笑的老师更受欢迎，一脸严肃的老师容易被讨厌。下面向大家介绍的，是密歇根大学的麦康奈尔教授的一句话，请把它铭刻于心：

"请多笑一笑，笑容是人类的无上之宝！"

让话题继续延伸的诀窍：点头效应

玛特拉佐实验

要想让对方说话时间长一些，有一个决定性的关键点。

"附和""看着对方的眼睛""微笑"这些我们已经接触过了，除此以外，"点头"也是一个重要因素。

心理学家玛特拉佐做过一项很有趣的实验，实验结果充分肯定了点头的效果。研究小组在报纸广告栏中刊登了一份招募消防员和警察的虚假广告，以来参加面试的年轻人为实验对象，以面试官变换"倾听方式"的形式进行实验。

第一次，面试官不点头。结果，年轻人纷纷产生了疑问，觉得"这位面试官，真的在听我讲吗？"于是讲了二十几秒就停下来了。

接着，面试官又用频繁点头的方式去面试应聘者（附和、眼神接触以及微笑的频率和时机都与第一次一样，仅增加了点头）。

这样一来，年轻人似乎感到安心了。仅靠频繁地点头，就让他们变得话多起来了。与不点头相比，面试者的讲话时间延长了二至三倍。

也许有人轻率地认为只不过是点点头而已，但对方会收到"这个人在认真地听我讲话"的信号，所以会变得愿意多说一些。

当对方在讲话时，只需要多点点头，就能让对方讲话时间延长一些。

松下幸之助是倾听高手

让对方讲话的时间长一些，为什么如此重要呢？

首先，对方讲话时间越长，你能收集到的信息越多。仅仅读过四年小学的松下幸之助，之所以能打造出世界级的企业，其中很大一部分原因归结于他擅长倾听，并且因此获得了很多关键信息，甚至可以称为"耳朵学问"。

与此同时，认真听对方讲话，还能充分了解对方人性化的一面和其价值观。

而这些仅靠书面简介绝不可能了解到。

富有同情心的温和的人、冷血而严厉的人、善于倾听的人、善于征得别人意见的人、说话非常自信的人……实际去跟这些人谈一谈，才能理解每个人的特质。

通过频繁地点头就可以了解如此多的信息。

另外，这么做能令对方感到自我满足——这也是点头的一大优势。当你变得善于倾听时，对方自然而然就会跟你说得多一些，而对方畅所欲言之后，会感到非常满足。

哪怕内心有很多烦恼的人，只要请心理咨询师来充分倾听一下他的心声，都会感到舒畅无比，仿佛所有的烦恼都烟消云散了一样，心里变得很轻松。

只需要上下活动一下头。如此简单的一个动作，就能起到让对方讲话时间延长的巨大效果，请大家记住这一点哟！

在闲谈中记笔记

优秀的记者一边录音一边记笔记

我在举办研讨会时经常能看到坐在前排的听众在认真地记笔记。

对于这样的行为，我是怎么看的呢？我会对他产生很好的印象，觉得"他在很热心地听我讲，非常努力"。

近来，很多人会在采访的同时录音，而优秀的采访者或记者则会当场认真记笔记。年轻记者中，有人觉得反正有录音，就会漫不经心，也不认真记笔记。这些人事后一定会打来电话确认信息，我就经常遇到这种情况。

日常沟通中，"说了""没说""没听"等，都属于常见的伪沟通。

鉴于以上原因，如果有当场记笔记的习惯，也就能做到防患于未然了。

老年人喜欢记笔记的年轻人

让老年人觉得"这家伙，是个很热心的年轻人嘛！"的最简单方法，就是记笔记。

在对"用笔记把伟人的话记下来"习以为常的老年人面前，记笔记非常有效，即使只是装装样子。在恰当的时机向老年人请教，"不好意思，请问这个应该用哪个汉字写呢？"他会对你印象更深刻。

这一方法不限于谈比较重要的事情时，闲谈时记笔记也很有效。

"我前几天去过一家位于新桥的餐馆，虽然只是个不起眼的小店，但那里的汉堡却出奇地好吃。"

"欸？我也超级喜欢吃汉堡，您能告诉我那家店的名字吗？"（记在手账上。）

"当然可以。"（心里想：哟，这家伙，很懂事嘛。）

这么做，不仅能给对方留下好印象，还能使接下来的话题活跃起来。

被称为"笔记狂魔"，却恰到好处

坚持一边听一边记笔记，不仅更利于记忆，甚至还可以用它作为以后谈话的线索。

达到被称为"笔记狂魔"的程度，其实刚刚好。人类只靠记忆是不够的。通过认真地记笔记，不仅可以把记下来的内容运用到其他地方，还能起到防止遗忘的作用。

我在收到别人的婚礼邀请时，一定会记笔记。在结婚典礼的招待宴会上，能听到新人的前辈或领导等有才能的人经过深思熟虑写出来的演讲稿，非常有好处，错过会非常可惜，所以我也会记好笔记，日后可以派上用场。

笑话也是一样。如果不记笔记，就一定会忘记。之后想到那个笑话很好笑，想要用，却怎么都想不起来。

抱着胳膊呆呆地听别人讲话的人，和身体前倾、热心记笔记的人，你会想要跟哪一种人建立良好关系，持续交往下去？想必这个问题就不用问了。

━ 一方受到称赞后会反过来称赞对方

愉快地听对方自夸

如果一个很了不起的人，在你面前自夸他年轻时如何如何，你会有什么反应？能做到巧妙地恭维对方吗？

也许你会觉得，再没有什么比别人的自夸更无聊、更听不下去了。

我平时会提醒自己尽量不说，可是，到了这把年纪，一不留神就会说起"我年轻时……"我知道对方一定不喜欢听。

但是，无论是在商务方面还是其他方面，闲谈有其一定的目的。那是什么样的目的呢？

- 让对方心情愉悦
- 让对方对你产生好感
- 征得对方的同意

目的主要有这三种。

从这方面考虑，你就会知道，这不是可以说"我最讨厌听别人吹嘘自己了"的场合。你在别人面前大肆夸奖自己时，是一种什么样的心情呢？一定心情很好，并且会对对方产生好感吧？

正确应对对方自夸的方法

犹太人有这样一句谚语，即"耳朵两句，嘴巴一句"，所以要让对方说两倍于自己的话。

我认为，这还不够。对方和自己说话的比例，以对方说80%，自己说20%为宜。可以说，所谓的"80对20法则"在沟通学中也同样成立。

人类其实是一种喜欢倾诉的生物。尽管抱着让对方比自己多说一倍的想法，但一不留神，就会发现自己又说起来了。

在这样的前提下，关于对方的自夸，请将以下两点贯彻到底。

· 听的时候表现出发自内心的关心
· 提出能让对方开始自夸的问题，并发自内心地赞美

通过这样做，你能获得好意、好感、好印象。控制对话流程，并不是你一个接一个地推进对话。

听的时候表现出发自内心的关心

假如对方不是自夸，而是在抱怨工作或家庭，也请在听的时候表现出发自内心的关心。对于自夸，则请全面动员附和、点头、直视眼睛、夸张的反应，去拼命地表现出对对方的关心。

同样地，对于牢骚，也要身临其境一般，表现出对对方的赞同和同感。听对方牢骚时，不妨时不时地皱起眉头。

提出能让对方开始自夸的问题，并发自内心地赞美

像下面这样提问，最常见的情况是，不知不觉中就把话题转移到自己身上了。谈话过程中，绝不可以把话题转移到自己身上。

"科长，您上次的夏威夷之旅怎么样啊？"

"嗯，玩得很开心哟！"

"其实，我去年也去夏威夷了，还去冲浪了。我的冲浪技术很不错呢！"

像这样把话题转移到自己的夏威夷之旅上，是最糟糕的做法。假如你的合作伙伴很喜欢炫耀自己的儿子，假设他正在开心地夸奖他儿子足球踢得好。

那么你应该做的就是使劲儿夸。

"太了不起了""说不定将来能走上职业道路呢""真厉害呀"。

即使你想说自己也曾经是一名足球少年，还参加过县级比赛，但你要知道，对方对这个并不感兴趣。重要的不是你想说的话，而是认真听对方自夸，并且发自内心地赞美对方。

一方受到称赞后会反过来称赞对方

假如你在称赞一个人。

"佐川先生，恭喜您！听说您儿子考上大学了，而且考的是国立大学。太厉害了！"

"嗯，谢谢！其实，他是以应届生的身份考上的哟。总之是为此颇下了一番功夫。不仅如此，他还擅长各种运动项目，参加过全国比赛呢……"

对方很开心地炫耀不已，他的心情变好了，闲谈就成功了。

如果你反被对方称赞了会怎么样呢？可以明确地说，没有人会真的喜欢听你自夸，甚至有可能引起对方的嫉妒心理。这时候，要趁早把话题转移到对方身上，顺利转换话题。

想要转换话题，可以运用"一方受到称赞后会反过来称赞对方"的法则，像下面这样做：

"部长，恭喜您！听说您儿子考上大学了。"

"嗯，谢谢！多亏老师们和大家的帮助。说起来，你女儿今年也上幼儿园了吧？一定很可爱！"

"是的，确实很可爱。每天都开开心心地去幼儿园，最近正在为钢琴演奏会做准备呢，我妻子也累得够呛。不过，我妻子可是音乐大学钢琴专业毕业的，是科班出身呢。"

员工一直在不停地炫耀。沉浸在自夸中的员工，无疑心情会很好，并对部长产生好感。

总之，不要只顾谈自己，要巧妙地把话题转移到对方（这种情况下是员工）身上。

— 如何应对说教模式

对方进入说教模式后，你该如何应对

对于上班族而言，领导是很重要的存在。我在上班时期遇到好领导时，会感觉非常幸运。遇到讨厌的领导时，则会非常难过。

领导一定会对员工进行说教。而且，有的领导即使在闲谈过程中也会说教。想必一定有人有过这样的经历：双方正在若无其事地谈话，结果你因为一件意想不到的事不慎踩雷而犯错。

被说教的一方，并不是累赘。

可是，要想得到领导的青睐，跟领导保持良好关系，则必须掌握对于说教的正确应对方法。

对于说教模式的闲谈，主要有三种应对方法，下面将逐一介绍。

用缓冲法来接受

第一个方法是，从一开始就全面赞同对方的说教。

配合对方，说出"我明白了""您说得对"之类的话。也许，这时对方还可能会说你"反省不够""真的明白的话，为什么还这么干"，反而显得更加生气。但这种生气，与被你反驳后的生气，有着根本性的区别。

所以，无论对方发多大的火，你都要全面认可他说的内容。过不多久，对方就会因为累而泄劲儿。

迂回否定法

有时候，否定对方也是有效的方法。

在明显是对方误解了、搞错了的情况下，则有必要去否定对方。

不过，请大家明白一点，对于正在说教的人，进行当面否定或反驳，并不是聪明的做法。

不能直接反驳，而是应该巧妙地提出自己的看法。否定时，也不能直接否定，而要采取迂回否定法。

"佐藤君，你总是擅自行动。这次的事，又没有提前汇报，真的令我很头疼，也很没面子。请你以后不要再独断专行了！"

"没有啊，我每次都提前汇报的。这次的事也……"

决不能这样当场反驳对方！否则对方会大发雷霆，接着就会翻你的旧账，不停地对你进行说教。

正确的方式是，用"道歉""汇报事实"和"解决方法"这一套"三明治法"去回答。

"实在对不起。领导您教育得对（道歉）。我今后一定注意。其实这次本来是想提前汇报的。只是由于事态紧急，碰巧您正在大阪出差，联系不到您。迫不得已，我只好决定事后再汇报，然后就发生了这样的事。由于我能力不足，结果失败了（陈述事实）。我绝没有要独断专行的意思。今后我也一定多注意，麻烦您帮我想想办法（解决方法）。"

这样一来，领导的怒火瞬间就消失了，说教也就结束了。

沉默消耗法

应对说教的第三种方法是"什么都不说，只听"。

在说教告一段落之前，保持"沉默"是最好的办法。

当然，这并不意味着一直沉默不语。正确的方法是，缓慢地点头、看着对方的眼睛。内心在说"我在认真听""我在认真反省""非常抱歉"，然后看着对方的眼睛，并缓慢地点头。

如果只是专心地听对方说，对方看到你一直保持沉默，多少会有点不开心。

过一会儿，他就说累了，就会停止说教。因为双方都无法忍受令人讨厌的沉默。

因此，我把它称为"沉默消耗法"。

第四章　变否定为肯定

——人际高手都擅长开启肯定式谈话

使对方变身为好好先生的技巧

"Yes"说得越多，心情越放松

前面我们讲过，要想让对方开口说话，你要善于提问。

不过，用 5W1H 提问法并不合适。这好像是在打破砂锅问到底一样，对方会感到害怕，从而缄默不语。

顺利进入闲谈的有效方法是从能让对方明确回答"Yes"的提问开始。

心理学认为，当人用"Yes"回答问题时，身体也肯定会进入接受对方的状态。有一个词叫作"身心如一"，即内心和身体是相互关联的。

"Yes"说得越多，对方的心情会越放松。当你与对方之间的共情区域扩大时，对方也会放下戒备心，跟你畅谈。

只要能让话题顺利发展下去，你就能顺利地获取对方的想法、需求等信息。

把对方变为好好先生

举个例子，这是一段发生在接待室的对话。

"这里的视野很好呀！"

"是啊，毕竟这是 15 楼。"（Yes）

"那边那个是东京塔吗？"

"是啊，就是东京塔。"（Yes）

"天气晴好的时候是不是还能看到富士山？"

"是啊，经常能看到。"（Yes）

在同样的接待室，根据实际情况，还可以有这样的对话：

"贵公司这栋楼后面开了一家伊藤洋华堂呀！"

"是的，上个月刚开的。"（Yes）

"这样购物就方便了呢！"

"是啊，午休时经常去那里买便当什么的。"（Yes）

"前面就是 JR 车站，这选址真是太好了！"

"是的，确实如此。"（Yes）

这时候需要注意的是，不要在第一个提问中加入自己的主观看法。要用任何人都会用"Yes"回答你的客观事实来提问。

"吉田先生，你这条领带很好看呀！"

"哪里，便宜货而已。"（No）

这样说就不行。

"吉田先生，今天戴的是红色领带呀！"

"是啊。"（Yes）

"跟您今天穿的这套西服特别搭，很适合您哟。"（称赞）

谈话一开始，你就能得到"Yes"的回答，对方也会稍微放松下来。

这种让对方一定回答"Yes"的提问技巧，称为"Yes Taking 法"。

在介绍商品或说服对方时，也可以运用这种方法，运用得当的话，甚至还有可能把对方拉进你的节奏。总之，要多用能让对方回答"Yes"的提问。一旦说了"No"，对方会进入戒备状态。

▄ 先从小事开始提要求

让对方无法说出"No"的谈判方法

虽说是闲谈，但在交流过程中，也有办法对对方提出要求。

当我们冷不丁地提出一个很高的要求时，对方基本上会直接拒绝你。

所以，首先要先进入对方的大门。也就是说，使对方不会"啪"

的一下关上大门，让他愿意开着门听你讲话，这一点很重要。当然，要先从对方基本上都会答应的小要求开始。

这被称为"Fit in the door 法"。

把大要求切分成小的，刚开始只提出其中一个小小的要求。这样才能让对方对你敞开大门，让你进去。

每次都提一个小小的要求，别人会习惯性地说"Yes"，不知为何，人们会很容易错失对你说"No"的时机。经常说"Yes"，突然一反常态地说"No"，人们会产生心理负担。

通过反复提小要求，最终对方会接受你的所有要求。

提交了企划书，却迟迟没有收到反馈的营销人员的闲谈，可能会是以下这样：

"山田部长，您喜欢什么酒？"

"我平时晚上小酌会选择日本酒。"

"这样啊！不瞒您说，我老家在新潟，那边有一家清酒酿造厂，生产的日本酒非常好喝，等过年时我给您寄一些。"

"是吗？那多不好意思！对不起，我不是那个意思，谢谢你啦！"

"没什么。说起日本酒，我们公司有位年轻的女性员工，持有日本酒品酒资格证书呢。"

"欸，还有那种资格证书？"

"是啊！她认识一家居酒屋的老板，那里不仅酒好喝，氛围也很棒。下周我们一起去吧？"

"可以呀！一定！"

"到时候还要请您帮忙指导一下前几天递交给您的那份企划书哟！"

"哦，那个呀！我知道了，我会提前看一下。"

萨拉米香肠谈判法

美国的一项实验显示，先提前请对方完成一份小小的调查问卷，然后再提一个难办的要求，比直接向对方提出一个难办的要求更容易令人接受。

在商务谈判和闲谈中也是一样，如果你想提出一个很大的要求，就不能直接提出。先提出一个小小的要求，对方答应后，再反复提出新的要求。

这在谈判方法中被称为"萨拉米香肠谈判法"。

当你说"请给我一根萨拉米香肠"时，如果对方只剩下最后一根，你会被拒绝。但是，如果你说"我只要一厘米的萨拉米香肠，给我尝尝吧""只要一厘米就可以"，对方就会答应你。每天都这样做，最终就能得到一根萨拉米香肠了。

刚开始提的要求越小、越不起眼，对方会越容易接受，并且也很难察觉你用了这种技巧。

当小要求积少成多后，最终你提的高要求也会被接受，这就是"萨拉米香肠谈判法"。

— 百分之百肯定谈话法

很多人都讨厌营销的最大原因

在前面两个小节中，我们介绍了让对方说"Yes"的闲谈方法。听到对方的肯定性回答后，你一定很开心吧！

所以说，当自己也对对方说"Yes"时，对方一定会对你产生好感。

人们极度讨厌被对方否定。

我年轻时从事过销售工作，主要是走访电器店，推销当时很流行的录音带。我能力不行，根本卖不出去。

"对不起，打扰了。我是住友 3M 的箱田。"

"哦，什么事？"

"不瞒您说，我今天来主要是想跟您介绍一下苏格兰录音带。"

"录音带？不需要。我们用的是索尼和 TDK 录音带，不需要其他公司的。"

"好的，知道了。打扰您了。"

推销就这样结束了。我访问了很多家，结果全都遭到了拒绝。

当然，遭到拒绝后我很沮丧，心情糟透了。我不想再尝到这种滋味，后来就演变成拜访恐惧症，非常讨厌拜访客户。

很多人都不喜欢做销售工作，其实主要是害怕被拒绝，连打电话预约拜访都害怕，所以就改用邮件。

然而，人们一边极度讨厌别人否定自己，一边却轻易地否定别人、打断别人。人类真的是很矛盾。

习惯性的否定反应是小孩子的特权

前几天，我正上小学二年级的小孙子健太回镰仓老家了。最近，孩子们都喜欢用平板电脑和智能手机玩游戏，健太也是，一到家就沉浸在游戏世界中了。并且，无论我说什么，他都直接否定。

"健太，该去洗澡了。"

"不要，我一会儿跟奶奶一起去洗。"

"健太，快来吃饭！"

"不要，我不吃饭，肚子还不饿。"

"健太，该睡觉了！"

"不要，我还不困。我要再打一会儿游戏。"

就是这样，无论我说什么，他都直接否定，说"不要"成了他习惯性的反应。

我把它称为"习惯性否定反应"。

这种行为会令对方很恼火。由于对方是年幼的小孙子，我遇到这种情况便不会往心里去，但如果对方是大人，肯定会相当不愉快。

大人也会不小心使用习惯性否定反应

如果双方都是大人会怎么样呢？

设想以下是一个有着极端的否定反应习惯的领导与员工之间的对话。

"佐藤君，你有车吗？"

"嗯，车倒是有一辆。"

"哦，你有车呀！太意外了。我还以为你没有呢。佐藤君看起来好像挺穷的，不像是拥有私家车的类型。话说回来，你的是什么车？"

"A 品牌。"

"A 品牌呀！那可是最差的了。我感觉 B 品牌和日产车还能勉强接受，A 品牌绝对不行，土里土气的，是吧？佐藤君，你是什么颜色的车呢？"

"黑色。"

"黑色呀，太暗了，白色和红色还行，黑色会让人误以为是殡仪车。你性格比较沉闷，可能觉得还行。话说回来，是双门还是四门？"

"双门双座的。"

"双门双座？那种最差了，坐上去很不舒服。我可绝不接受四门以外的车。是自动挡还是手动挡？"

"运动版，所以是手动挡。"

"现在还开手动挡？太难开了！而且手动挡容易出故障，很危险的！"

大家觉得这种人怎么样？如此恶劣的人并不多，但是听到什么都习惯性地去否定，有这种坏习惯的人却格外多。

习惯性否定反应必然会引起对方不快。大家不妨思考一下，自己是不是也是遇事习惯性地去否定的这一类人。如果你觉得自己也是，则必须尽快改正。

务必习惯性做出百分之百肯定反应

相反，如果换成百分之百肯定的反应，会怎么样呢？

"佐藤君，你有车吗？"

"嗯，有倒是有。"

"是吗？那很好呀！有车的话干什么都方便一些。话说回来，你的是什么车？"

"A品牌。"

"A品牌？那款车型很酷呀！我们这种大叔做梦都想开一辆那样的车哟！什么颜色呢？"

"黑色。"

"黑色的呀？给人一种非常精悍的印象，非常符合佐藤君的气质。是自动挡还是手动挡？"

"运动版的车，所以是手动挡。"

"太厉害了！手动挡的运动版汽车，简直就像漫画里的一样酷！你是什么时候买的？"

"七年前买的，已经很旧了。"

"七年？那还早着呢！A品牌的车性能很好，开个十到十五年完全没问题。好车开得爱惜一点，能开很长时间，这样的精神真好！"

怎么样？估计佐藤君一定心花怒放吧！应该会非常喜欢这位领导。

所以，请大家务必意识到这一点，在谈话时"习惯性地做出百分之百肯定反应"。

▬ 肯定谈话法的四个步骤

这样开启闲谈就能谈成业务

接下来，我们来探讨一下，采用百分之百肯定谈话法说服他人的方法。

在商务场合运用这种百分之百肯定谈话法，按照以下四个步骤可使谈话顺利进行，具体如下：

步骤 1：先称赞

"贵公司的前台工作人员给人的感觉特别好。"

步骤 2：说出称赞的理由

"之所以这样说，是因为我每次过来，她都面带微笑地跟我打招呼，说'赤塚先生在等您了哟！'"

步骤 3：提出一个对方容易回答的问题

"贵公司是不是开展过接待和礼仪方面的培训呀？"

步骤 4：再次从别的角度称赞

"怪不得，那我就明白了。大家都很有礼貌，而且都很阳光，真好。这也是人事部部长坂井先生的功劳呀！"

然后，就可以继续问"培训具体是什么内容呢？""讲师是哪位？"等相关问题，渐渐步入闲谈环节。再然后，就可以开始向对方提出你的请求了。

进入推销环节之前的一系列操作

举个例子，设想一个销售人员在向企业的培训负责人推销培训项目。

请想象一下。当然，所谓称赞，并不是"奉承"。奉承话是心里并没有那么想，嘴上却说出来，称赞则是发自内心地称赞。

下面来看具体例子：

步骤 1：先称赞

"贵公司总是充满朝气，感觉非常好！"

如果称赞到此为止的话，对方会认为你只是在奉承。

首先，为了表示自己是真心称赞，要认真地看着对方的眼睛，并通过态度表现出来。

在此基础上，再进行第二步（说理由）。说明理由时，用上阐明理由的连词，比如"之所以这样说""其实"等。这些过渡词语被称为"桥梁词语"。

步骤 2：说出称赞的理由

"其实，刚才在走廊里，有一个从未见过面的年轻员工，大声且充满朝气地跟我打招呼，说'你好！欢迎光临！'"

通过说明理由，可以让对方知道，你的称赞并不是简单的奉承。既然是推销培训项目，则可以像下面这样提问。

步骤 3：提出一个对方容易回答的问题

"年轻人都能这样给陌生人打招呼的公司可不多见呀！你们是不是专门开展过礼仪方面的培训呀？"

然后，对方会给出回答。你就可以以此为线索，再次巧妙地称赞对方。

步骤 4：再次从别的角度称赞

"是啊，我们每年都会请专业的礼仪培训公司来进行两次礼仪方面的培训。"

"那就合理了，大家都掌握得很好呢。这样的打招呼方式，好像已经成了贵公司的公司文化了。不愧是好公司。这也是培训科科长吉川先生的功劳呀！话说回来，贵公司有没有专门面向管理人员的培训？"（再次提问）

"还没有，今年还没确定下来。"

听到这样的回答，就可以像前面提到的那样，从这里开始进入推销环节了。或者，如果只是为了"见一面"的话，也很容易预约成功吧！

"不瞒您说，我们是一家专门培训沟通技巧的公司，同时也开展以问题解决方法为主题的培训。您看要不要举办一次'专门面向管理人员的，以问题解决方法为主题的培训'？这个培训最近需求特别高。可不可以当面拜访您一次，到时候向您详细介绍一下？"

"推定承诺法"或"二选一法"

与此同时，我先指定时间——"那么，星期四下午两点可以吗？"这样的预约方式，被称为"推定承诺法"。

这种预约方式相对比较强势，一般而言，比较常用的是更委婉一些的"二选一法"。

"星期二和星期三，您觉得哪天更合适？"

"上午的话，十二号和十三号，您哪天比较方便？"

提出两个选项，让对方从中选择一个，不会有过于强势的感觉，反而会让其有安心感和自由感——因为"对方让自己来做决定"，会更容易预约成功。

与此同时，"把问题全部抛给对方"是不合适的谈话方法。

"您哪一天比较方便？"

这样问的话，对方不当场确定，而是对你说"到时候我再跟你联系"，那就糟糕了。也就是说，明明想要介绍商品，却在进入推销环节之前浪费了太多时间。

采用"推定承诺法"或"二选一法"，迅速约定好见面时间，尽快进入推销环节吧！

试着制定出自己独有的四个步骤

接下来，我们再来看一个运用了"百分之百肯定谈话法"四个步骤的谈话方式。

步骤 1：先称赞

"贵公司的业绩真好呀！"

步骤 2：说出称赞的理由

"之所以这样说，是因为我昨天浏览了贵公司的网站主页，上面显示，与前年相比，贵公司的销售额上涨了 16% 呢！"

步骤 3：提出一个对方容易回答的问题

"如今，销售额能比前年增长 16%，可是个不得了的数字呀！你们销售的是什么商品？"

步骤 4：再次从别的角度称赞

"原来如此，也就是说去年推出的新产品的贡献度很高啊！贵公司积极致力于新产品开发呀！话说回来，今年贵公司也会推出新产品吗？"

怎么样？利用这四个步骤，可以顺利地与对方进入闲谈。请务必根据实际情况，制定出自己独有的四个步骤。

■ 百分之百肯定型语言让你一路开挂

"可是""但是"后必然出现反对意见

大家听说过"Yes·But 法"这一谈话法吗？如字面那样，这种谈话法指的是先用 Yes（不错）表示肯定，再接着说 But（但是）来表示否定。这种谈话法常见于销售等场景。

"你家的产品价格太贵了，我们不买。"

对于这个说法，你可以这样回答：

"确实。不过，其实并不算贵。因为我们这个产品的品质跟其他公司的完全不一样，价值相当于其他公司的两倍，所以并不算贵。"

我妻子是运用"Yes·But 法"的达人。

"这条领带怎么样？"

"不错呀！不过，好像太花哨了哟！"

先说"不错呀"，貌似要表示肯定，然后用"不过"一词来表示否定。

"这次三连休，要不要去伊豆？"

"可以呀！可是连休的时候人肯定很多吧！"

"但是""不过"的后面，一定是否定对方的语言。所以，也可以称为"好的，可是反应"。

　　举个例子，如果有熟人对你说："箱田先生，我前几天在东京站偶然遇到你太太了。你太太很开朗，给人感觉很好。但是……"你会有什么感受？听的人会想，"但是"的后面肯定是某种否定性的内容，于是会立刻紧张起来。

　　"那个人相当聪明哟！不过，就是有点轻浮。"

　　正如前面提到的，"不过""但是"这样的连词后面，必然会跟着某种否定性的内容或反对意见。小论文中，在展开论述时，经常用到这种"的确……但是……"，为确保万无一失，应尽量避免在谈话中使用。

受欢迎的人从不轻易否定

　　今后，建议大家尽量避免使用"不过""但是"这样的词语，请使用"百分之百肯定型"语言。

　　一起来看下面这段对话怎么样。

　　"今年暑假，狠下心去一趟夏威夷吧？"

　　"夏威夷？可是要花好多钱呢！而且我不喜欢晒太阳。"

　　请不要这样说话。邀请者肯定把包括钱在内的因素考虑在内，有了百分之百的把握才邀请你的。

　　"今年暑假，狠下心去一趟夏威夷吧？"

"夏威夷？你不是在骗我吧？真的吗？我太开心了！说起来，这可是继新婚旅行之后的第一次旅行呢！穿什么去好呢？"

是不是印象截然不同？

■ 不反驳，让对方赞同你的技巧

第一步：用缓冲法去接受

前面讲过，在闲谈中应尽量避免否定对方。上一节中的"Yes·But 法"就是其中的一种。那么，对于对方的反驳或反对意见，我们应该如何应对呢？

先对对方的反对意见表示赞成，然后在此基础上进行详细解释。这样做，可以打造出与对方之间的一致感。先委婉地对对方的话表示肯定，因此称为"缓冲谈话法"。

每个人都不喜欢遭到别人的否定。因此，暂且不管对方说的正确与否，你必须先表示理解——"原来这个人是这样考虑的"。

所以，即使对方说"贵公司的产品太贵了"，也不要直接否定说"绝对不贵。可以说很便宜了！"而是应委婉地表示肯定，"确实，刚开始的确有很多人这样说"。

像这样，首先用"确实"表示肯定，这一点非常重要。

如果女朋友对你说"×××真帅！"你不要脱口而出地否

定——"你在想什么呀！那种人最差劲了！"而应该先表示肯定"是啊！个子又高，演讲又很有魄力"，这才是受欢迎的男士的应对方式。

因此，都请养成先用"确实"应对的习惯，这是谈话中的"缓冲垫"。请大家务必多多练习，即使对方的想法跟你不一样，对于其反对意见，也要做到能立即用缓冲谈话法来应对。

缓冲语都有哪些呢？以下几个可供大家参考。

"是啊，你有这样的想法很正常！"

"是的，关于这一点，的确是这样。"

"的确，所有公司刚开始时都是这样说。"

"是啊，的确有这样的问题。"

"原来如此，这是一个非常尖锐的问题。"

"确实，那个才是重点呀！"

第二步：列举成功事例

那么，用缓冲法接受以后，接下来应该怎么做呢？

"贵公司的商品太贵了！"（反驳）

"的确。其实我也觉得太贵了（缓冲垫），所以说您不买也没关系。"

如果你这么轻易地退缩，一定无法谈成生意了。

这时，如果说"不过，品质不一样哟！"就会变成前面讲过的"Yes·But 法"。正确的应对方式如下：

"是啊，我觉得您有这样的想法很正常。其实……"

像这样，使用"因此""其实"之类的肯定性连词，可以顺利地引导话题，把谈话推进下去。

这种方法称为"Yes·and 法"。

想要推翻对方的顽固想法或看法是很困难的。这时，不妨举出一些以下这样的成功事例、具体事例和证据等。

"不瞒您说，部长，山本商会的山本社长也这样说过，您也认识他的。不过，他现在可是每年都从我这里采购一万本呢。"

像这样，列举已经推销成功并且感到很满意的顾客的具体例子。即报出已经购买这种商品或服务，且非常满意的顾客的名字。

他人可能很难相信你说的话。不过，他们愿意相信第三人的证言。这个案例中，通过报出山本社长的名字，相当于请山本社长来做了证人。

也就是说，通过"你向对方推荐的商品，第三方也觉得好"这一暗示，来解除顾客心中的疑虑。

因此，建议提前多准备一些成功事例，以便在商务谈话过程中可以随时告诉顾客。

第三步：说明理由

接下来，你就要开始介绍这个商品特有的服务、优势，以及让顾客认为值得购买的优点等。

"我之所以向您推荐，是因为我知道，无论是从商品的品质还是优势来看，它都远远超越其他公司的产品。首先，它的长度比其他公司的产品长十五厘米，所以在天花板比较高的教室里使用起来特别方便。其次，它是用特殊合金制成的，不会折断，耐用性是其他公司产品的十倍。而且，握手部分加粗了三厘米，所以用起来非常顺手，非常方便。"

像这样，大概列举出三个商品特征或购买理由即可。

三步骤小结

第一步：用缓冲法接受（Cushion——的确……）

第二步：列举成功事例（Example——其实，××先生也……）

第三步：说明理由（Reason——之所以这样说……）

在这里，我们不妨试着以其他事为例来思考一下。

例如，你在和太太谈话时，双方因为把旅行目的地定为海边还是山上而产生了分歧。

当你提出"还是去山上好一些"时，对方会立刻反驳"才不是，夏天当然是去海边好，绝对是海边！"

"确实，感觉夏天更适合去海边呢。"（用缓冲法接受）

"不瞒你说，我大学时期的前辈泽崎，去年就是去了山中湖，据说玩得非常开心。"（列举成功事例）

"之所以这样说，是因为山上既凉快，又不会像海边那么拥挤，非常惬意。而且，山中湖也可以游泳，他说还挖到了蚬子呢，还捉了萤火虫，孩子们开心得不得了。"（说明理由）

相比较"怎么可能！海边人又多，我可不喜欢。就去山上吧！"用这样的流程去说服对方，会容易得多。

如何巧妙地批评对方

主语的使用也会影响好印象

最后，教大家一个既不说"No"，也不说"Yes"，却非常有效的谈话方法。在批评对方时可以使用这个方法。

闲谈中，如果恋人说"你一点都不了解我""你怎么连这都不知道""你这个人真执拗"之类的话，你肯定会很受打击吧！

"你……"这样的说法，称为"You 信息"，因为主语是你（You）。

即使对方说得没错，被对方说"你这样那样"，一般都不可能心情很好。

称赞对方时，可以用 You 信息；当传达负面信息时，则要用 I 信息。

批评实例

假如你有一个同事，明明你们应该一起去推销商品，他却总是迟到，给你带来了很大困扰。

怎么说，才能让这个同事反省并改正自己的问题呢？

如果不顾后果地发泄了怒气，可能当时自己觉得很解气，但对方势必会因此对你怀恨在心。

"你总是迟到！给我守时一点！"

这就是前面提到的 You 信息，用这样的说法，对方估计不可能反省并改变自己的行为吧。恐怕还会反驳你："你就不要在这里说我了。你上个月不是也迟到过一次吗？"

"（你）时间管理不行呀！作为一个社会人，不够格呀！"

这也是 You 信息，这样说，对方根本不可能改变，反而会很有情绪。即使你说的是事实，对方也不会承认。

这时候，"自己这样想""这样感觉"的 I 信息就该登场了。

用 I 信息来说，可能会是这样：

"你迟迟不来，我还在想会不会是出什么事了，一直在担心呢。你要是能早点儿跟我联系就好了。"

这样说，把自己的烦恼传达给对方。相比较去叱责对方，效果要好得多。

即，以"我（I）很担心""我（I）得救"的形式，把内容转化为 I 信息。

不过，这样的说法很难让对方改正甚至反省自己的行为。

这时候，还要征求对方的看法。

"你迟到却没有提前跟我联系，我会感到非常为难。你怎么想？"

"的确，是我的错。下次我尽量不迟到，万一有特殊情况，一定跟你联系。"

如果接下来对方能自愿做出反省和改进的保证，就再好不过了。正因为用的是 I 信息，所以能取得这样的效果。

第五章　高质量谈话

——简单易懂，信息明确，调动情绪

▬ 闲谈也有一定的潜在构成

成为闲谈达人的第一步

提到闲谈，可能大家会有一种这样的印象：喋喋不休地聊些漫无边际、不得要领的话。殊不知，在闲谈方面，如果达到"达人"级别，所说的话能给对方留下深刻印象。这里需要提前学习的，是达人们所使用的谈话构成法。简单易懂地说，就是谈话的顺序。这方面做到位，才能给对方留下深刻印象。

这里我要向大家推荐的"PREP 法"，就是指按照以下顺序谈话：

·Point（重点、主张）

·Reason（理由）

·Example（具体例子、实例）

·Point（重点、结论）

PREP 法的实例

举个例子，假如诉求是想劝对方系好安全带。

"果然不系安全带还是不安全呀！"

"系上安全带会比较安全哟！"

这样的说法，很可能会以"啊，是吗"而结束。

这时候，就需要 PREP 法隆重登场了。

第一个 P 想说的是主张，这个要先点明。

"安全带，还是系上为好啊！"

如果是在早会或者商务会谈中，则可以呼吁"下周开始就是交通安全周了，一定要系上安全带呀！"这是 Point（主张）。

"我看了新闻，系和不系安全带，发生车祸后的生存率竟然相差十倍。"

一般的闲谈基本是这样的。在商务场合的闲谈中，则可以引用新闻上的数据。这是第二步的 Reason（理由）。

接着，就要举出 Example（具体例子）了。有了具体例子，你的话本身也会变得更加生动，经验之谈是最佳例子。

"前几天，我开车去山中湖时，经过东名高速，目睹了一场严重事故，御殿场附近发生了严重拥堵。路边停着一辆被撞得面目全非的车。一同前去的孩子在旁边说……"

如果对方很关心，应该会问"怎么样了？""孩子说了什么？"

"孩子说'一定会上新闻的！'果不其然，NHK 晚间新闻就报道出来了：御殿场入口处发生车祸，有两名死者，而且飞到窗外去了。果然，在危急时刻，系与不系安全带差别很大呀！"

然后，再次用 Point（结论）进行归纳。

"果然，即使坐在后座，也有必要系安全带呀！"

试着分解一下，谈话是按照重点、理由、具体例子、重点的顺序进行的。

怎么样？是不是印象很深刻、很有说服力？即便是闲谈，只要把握好结构，就能给对方留下难忘的印象，并且给对方留下你很擅长说话的印象。

高明的闲谈一定富含事例

想得到对方的认可，需要有三个实例

什么样的谈话能让对方感到容易理解呢？那就是包含了真实、具体的例子的谈话。在众人面前讲话时，举第一个例子，可以获得三分之一听众的认可；举第二个例子，可以获得三分之二听众的认可；举第三个例子后，终于能获得全体听众的认可了。

要想让一个理论听起来很有道理，需要列举出三个实例。

戴尔·卡耐基总结了三个可使谈话顺利进行的要点。

· 提问（Ask question）

· 举出实例（Give examples）

· 说话要合拍（Tempo）

这是在当今时代仍非常适用的"教诲"。

举出实例的效果不可小觑。无论什么样的谈话内容，没有"例如"这一部分的话，都会显得难以理解。

艺人们的"素材"或俏皮话，全都是实例、具体例子。当然，要想让谈话变得更有趣，则还需要恰到好处的"表达"。如果不把"五人"变成"二十人"，印象不可能更深刻。不过，最基本的还是谈亲身体验。

举出三个具体例子，对方一定会感兴趣

我用"一理三例"一词，来传达要想把一个道理讲明白，需要举出三个左右的实例或具体例子这一理论。

美国人的演示、演讲中，"For example" "For instance" 这样的形式非常多。

实例、具体例子的力量很大。

我喜欢山中湖，经常使用一理三例的方法向朋友推荐山中湖。

"山中湖可是个好地方呀！首先，它的景色首屈一指。富士山近在眼前，经常还能欣赏到'钻石富士山'。在那里，不仅可以乘坐快艇和帆船，还可以挖到很多蚬子。孩子们也很喜欢。冬天温度较低时湖面结冰了，还有人在上面滑冰呢，我也凿了个洞钓西太公鱼来着。"

我列举了包括亲身体验在内的三个例子（景色、蚬子、西太公鱼）。像这样，只需要添加几个具体信息，就能让对方感受到"山中湖真是个好地方"。

━ 三点提示法

意见提示法

前面一节的"一理三例"，讲的是要想贯彻一个主张，举出三个具体例子会更有说服力。本节中将介绍一种意见提示法，即在说服力的基础上，又增加了"通俗易懂"。

要想使谈话通俗易懂，就不能不假思索地想到什么就说什么。

那仅提示要点如何？话虽如此，如果要点有七八个，也记不下来。当你说出"要点一共有七个"时，对方应该就不想继续听下去了。

最合适的数字是"三个"，我把它称为"三点提示法"。

我观看过池上彰的通俗易懂的新闻解说等节目，发现他也在用三点提示法。

"关于×××，我讲三个令大家能立刻了解的要点。"

"我归纳了三个要点。××××指的是什么呢？"

采用类似这样的说法，在原本就擅长解释的问题中，加入"三个要点"，使得它更易于理解。

三点提示法的两个方向

三点提示法中，有两种说法。

一般而言，说完"有三个"之后，先简单地把这三个要点归纳一下，然后再详细推进谈话。

在商务场合中，可能会这样说：

"今天主要介绍关于新产品的三个要点。第一，是设计；第二，是性能；第三，是价格战略。关于第一的设计……"

是不是非常容易理解？

一方面，在闲谈中，如果说完"关于 TPP 我认为主要有三个要点"，立刻就接着说"第一个……"，这就是跳过了把三个要点都简单归纳一下的程序，直接进入"正题"。

这样说，对方会感到好奇——"知道一共有三个，到底是什么呢？"对方不知道接下来出现的会是什么，会产生一种好奇感。

史蒂夫·乔布斯在为斯坦福大学的毕业生做演讲时，即所谓的"传说般的演讲"中用过这种方法。

乔布斯没有对三个要点进行详细说明，而是直接开始讲第一个要点。这种方法中有一股牵引力，把听众的兴趣一直牵到最后——"接下来会是什么？"所以他采用了这种演讲方法。

前面我们举了池上彰的例子，以前，嘴里总是叼着烟管的评论家竹村健一，也一直采用这种"三点提示法"。有趣的是，无论被问到什么问题，他都会先回答说"我想说的有三点"。之后，再边想边把这三点说出来。

我有一次看竹村的节目，发现他只讲出了两点，到节目结束都没有讲出第三点。是没想出来，还是忘记了？……真可爱！

总而言之，请在闲谈中多用这种把想说的话归纳为"三个要点"的方法！

锚定法

哪些称赞词语不能用

大家认为"好的称赞语言的定义"是什么？不需要把它想得很复杂。就是在谈话过程中，"对方听了之后会很开心的词语"。至于"你真能干"这样的称赞词语，对方听了会不会开心，则因人而异，所以"随机应变的研究"很有必要。

以为所有人都喜欢别人夸自己的孩子，就对对方说"你家孩子好吗？"结果对方说"我家没有孩子"，很可能会出现这样的尴尬局面。

可以用同一个素材多次称赞

另一方面，提前打听到部长的儿子考上了心仪的大学，"部长，恭喜您儿子考上心仪的大学呀！"部长听到这样的称赞会非常开心。因为对方听了很开心，所以属于"好的称赞词语"。

牢牢记住这一素材，就像船的锚一样，让它沉入对方的心灵深处。只要你能记得住，就能使它沉入对方的内心，并泛起涟漪。

下次再见到这位部长时，称赞词语的关键词就是"儿子"。

"您儿子适应大学生活了吧？"

"进入了篮球俱乐部，非常活跃呢！"

"篮球俱乐部吗？那他个子一定很高吧？"

"是啊！我看他都要仰起头，有一米八六呢。还被选为了下次比赛的主力队员呢……"

每次见面，都夸他的儿子，部长每次都被夸得心花怒放，会怎么样呢？

尽管不是巴甫洛夫的狗的条件反射，但已经形成了"你去"→"谈论儿子"→"心情变好"→"喜欢你"这样的流程。

这称为"锚定法"。这样做，部长对你的评价会大幅提高。

只要你一去，对方就心情大好，必然会使销售业绩增加。同时，让对方觉得"跟那家伙说话真愉快"，那就再好不过了。

假设部长回到家之后，跟他太太有这样一段话：

"哎呀，今天营业部的中川君来找我了，聊起了儿子，他说在那家伙的大学里，能被选上篮球主力队员的少之又少哟。"部长一定是一脸开心地说着。

不知不觉中，对方对你的评价就提高了，甚至会引起一系列正面连锁反应呢！

更高一级的称赞方法

称赞令别人感到意外之处

想要使你的称赞方法更高级一些，还请记住以下这句话，即"称赞对方身上平时不怎么会被称赞的地方"。

称赞其本人也不曾注意到且会感到意外的地方。经常被称赞的点，对方听到后会觉得理所当然，也就不值得去称赞了。

例如，一直开朗大方、充满活力的人，已经习惯了被人称赞"你真开朗""你总是充满活力"之类的话，所以听到这样的称赞他就不会有很大反应。

或者，对一个腰缠万贯的人说"吉田先生，你真有钱呀！"对方反而会觉得"这是在讽刺我吧"。

"部长，一直以来都是通过邮件沟通，刚才有幸见到您的笔迹，您的字写得可真好呀！简直令人大吃一惊！"

如果说这位部长并不经常被别人称赞一手好字，这样的语言就是好的称赞语言。称赞要选择对方觉得意外的地方，以及对方自认为值得被称赞的地方。

"部长，您对孩子可真有耐心呀！"（吃惊）

"吉田先生，你对妻子可真好呀！"（吃惊）

"您的身材很好呀！"（吃惊）

上面的内容，不用说，就是称赞了对方很少被称赞的地方，或者说称赞了令对方感到意外的地方。

发挥最佳效果的第三者利用法

不过，可以说最能充分发挥效果的，是使用"第三者利用法"的称赞方法。

当你对第三个人说"这些话仅限于你我知道"，这些话百分之百会被传播给周围的人。人类是非常喜欢八卦的一种生物，会忍不住把自己听到的八卦告诉亲友和家人。因此，尤其是在商务场合，背后称赞会更有效。

称赞员工时，不直接对本人说，而是在他的同事面前说："最近，田中君可是干劲儿十足呀！我昨天有点事很晚才回去，走的时候，发现他还在拼命加班呢。他真的特别努力呢！"虽然不是直接对田中本人说，但他早晚也会听到。

话说本人听到之后，会怎么想呢？当然不可能不开心。背后称赞，可以说一定会传到本人的耳朵里，本人也一定会听到你是怎么夸他的。

听到有人说"田中，部长夸你来着"，一定无比开心。

要巧妙地在背后夸人。相比较背后说别人坏话，背后称赞别人能给你带来更好的心情。被别人称赞会获得好心情，而称赞本身，也能让称赞的人获得好心情。

幽默才是闲谈的第一秘诀

会开玩笑是必备技能

提到闲谈，也有人会立刻联想到开玩笑、搞笑等。

无论是在商务场合还是在生活中，会开玩笑的人，都无疑给人以交际能力强、头脑聪明的印象。这也是闲谈的必备要素。

你会讲好笑的事吗？如果被人看成一个连玩笑都不会开的、不苟言笑的人，可不是很好。

在商务世界中，通常人们也会认为会接二连三地讲笑话的人是了不起的大人物。

正在进行严肃的话题时，你抛出一句玩笑话，气氛会瞬间变得轻松、融洽起来。当然，在恰当的时机开玩笑，把对方逗乐，其实是一项很难的工作。

不过，世上也有听不懂玩笑话的人。这种人过于严肃，甚至有人会生气——"我正在认真讲话，对方却开起玩笑来……"

在一次新员工培训中，我曾经问大家："刚才我讲的笑话，大家都觉得无趣吗？"

"不是啊，很有趣，非常好笑。"

"那么请大家笑一笑啊。"我不假思索地催促道。

当时讲的是这样一个笑话：

"最近，大家都把后乐园球场称为大鸡蛋嘛，意思是很大的鸡蛋。那个鸡蛋却不能吃哟。原因就是，它叫作可乐皇后。"[1]

彩排很重要

由于我天生性格缺陷，阴郁、执拗、乖僻，而且有社交恐惧症，又不善言辞，做事畏首畏尾……总之，我曾经是一个无可救药的人。

当我在二十七岁遇到日本航空的一位空姐（现在的妻子）时，

---

1 在日语中，"后乐园"读音与"可乐皇后"读音一致，此处为谐音。

我处处注意，不能把我的性格缺陷暴露出来。

我把自己伪装成了一个开朗、快乐、充满活力的好青年。

所以，在跟她约会之前，我提前准备了好多笑话。自己先提前彩排，保证能顺利地把这些笑话讲好。

或许是这一招奏效了的原因，她一直笑个不停。我的笑话战术获得全面成功。

从这件事我们可以得出结论，"幽默的谈话战术成功的秘诀在于 JR"。

J= 准备

R= 练习（彩排）

需将这两点贯彻到底。

以前，有一对叫作关西漫才的搭档（横山安、西川清）。凭借轻松的搞笑，他们获得了很高的人气。他们的表演听起来像是在即兴表演一样，非常流畅。不过，据西川清回忆，他们每抖一个包袱，最低都要彩排三十次。

不愧是大家！正因为经过了这么多次的彩排，才能让听众听起来感觉极其自然。

业余选手不练习就直接上场，这种情况下，必然会失败，气氛会一下子尴尬起来。

我每次都先在妻子面前彩排。她对我要求很严格，完全不会跟我客气，所以如果不是很好笑的话，她是不会笑的。她的反应大致有以下两种：

"你讲的是什么呀！不过，真的很有意思呢！"或者"一点儿也不好笑"。

如果她是前面一种反应，我之后就会经常使用。若是后面一种反应的话，就弃之不用。

落语中的小笑话

当然，相比较用 JR 准备的笑话，落语中的小笑话无疑难度更高。英语中称为妙语（WIT），指的是随机应变的笑话或搞笑。

比我大好几届的前辈新将命就非常喜欢讲笑话。这是我们一起吃饭时发生的事。当时两个人都正在吃荞麦面，突然，新（朋友的姓氏）说了这样一句话：

"箱田呀，男人吃面也就罢了，女人也吃 man，有点奇怪呢！"

于是，我也用笑话回应道：

"可是，新桑，女人即使生过孩子了，不也还是叫作 woman 吗？"[1]

---

1 在日语中，"面"和英语"man"的读音一样，为谐音。女人生过孩子还叫作 woman，与前面的女人也吃"man"，相对应。——编者注

把笑话记下来

新能听得懂我的小笑话。

然后，他一边说着"箱田，你回得很妙呀！"一边拿出手账，把这个笑话记下来了。前面我们讲过，"记笔记"非常重要。如果不当场把有意思的事记下来，会很容易忘记。

我用大学时期的笔记本整理了一本《笑话集锦》，并随时更新。

因此积累了非常多的笑话素材。所以，一意识到"啊，这个应该能用到"，我就会当场把它记下来。

有一次，我的长子一家从镰仓老家过来了，我请他们品尝了用新米煮的米饭。我对当时上小学二年级的孙子健太说：

"健太，今天的米饭，用的是鱼沼产的越光米哟！这种米非常好吃，你要好好品尝一下哟！"

"爷爷，鱼沼桑，是爷爷的好朋友吗？"

我立即把这句话记在笔记上，多亏记下来了，才没把它忘掉。

开玩笑时禁止说中伤他人的词语

在讲笑话或开玩笑时，有一些注意事项：最好不要讲有可能会中伤他人、愚弄他人的笑话。

"我们部长是个秃头，他的头秃得锃光瓦亮，就连停在部长头上的苍蝇，都随时有可能会滑下来。"

这样开玩笑可不行！即便是开玩笑，也严厉禁止说秃头、胖子等带有歧视性、侮辱性的词语，英语中称为"Cash"（现金＝严禁，为双关语）[1]。

当然，把它作为自嘲的素材倒没关系。我最近或许是上了年纪的原因，头也快秃了。我以秃头为题材常讲的笑话是这样的：

其实我喜欢长发的女性。所以，一直请求我妻子留长发。可是，有一次，她咔嚓一下把头发剪成短发了。回到家后，我着实吃了一惊。因为妻子的头发实在太短了。我就不假思索地冲她吼起来：

"你这头发算怎么回事！难看死了！说得过去吗？以后不经过我的允许不许把头发剪短！"

于是，我妻子也大声吼道：

"你不也是没经过我的允许就秃头了吗？！"

这个笑话百试不爽。只是由于存在一定的故事性，讲起来时间会比较长。讲的时候要做到不紧不慢，否则无法顺利把对方逗笑。

缺乏自信的人先从小笑话讲起

对于讲长故事缺乏自信的人，可以先练习讲小笑话。小笑话，在英语中称为 One Liner，直译的话就是"单行笑话"。

1　在日语中，"现金"的读音与"严禁"的一致，为谐音。

"你的发言简直像只鹤，单调（丹顶）。"[1]

"我最近一直在喝杜仲茶，那种茶真是不可思议。喝到最后它依然叫作杜仲茶（途中茶）！"

"你最近很像蚊香，看起来很紧张（KINCHO）。"[2]

在我父亲的十三周年忌日时，我去了一下寺庙，发现有一种很好喝的茶，叫法事茶。结果，晚上又上了一种好喝的茶，叫作番茶（晚茶）。[3]

你要是能够游刃有余地讲出这种简单的小笑话，能成功把大家逗笑，那你就能成为别人眼中擅长说话的、风趣的人。

当然，我在跟大家讲这些的时候好像很在行一样，其实我有时候也会得到"太冷了"[4]的评价——说不定读者朋友们在读书过程中也会这样想。不过，"太冷了"一词背后其实隐藏着一种亲近感。如果有人对你说"太冷了"，你就把它想成是"好笑"。

请以这样的胆量，一边积累经验，一边锻炼自己。

1　谐音梗。

2　KINCHO 是大日本除虫菊株式会社的一个品牌，这里也是谐音梗。

3　谐音梗。

4　指笑话太冷。

结　语

　　我每年会举办三百多场研讨会，某项调查结果显示，我已连续九年被评选为人气第一的讲师。相比较写这本书，我可能更擅长说话。

　　人们常说"时间就是金钱"，其实这句话并不正确。原因在于，失去的金钱以后还能再挣回来。

　　可是，时间呢？

　　失去的时间一去不复返。所以，我经常说"Time is Life"（时间就是生命）。

　　的确如此，失去的时间，如覆水难收。

　　我多次说过，人生，取决于从现在起，到死之前，你做了些什么。与过去毫无关系。

　　因为，在人生中的任何时候开始，都有希望逆袭。

　　所以，我衷心希望本书所介绍的技巧能对您有所帮助。

　　感谢认真读到这里的您！

箱田忠昭

© 民主与建设出版社，2024

图书在版编目（CIP）数据

你不是"社恐"，你只是不会聊天 /（日）箱田忠昭
著；赵净净译 . -- 北京：民主与建设出版社，2024.
9. -- ISBN 978-7-5139-4670-4

Ⅰ . C912.13-49

中国国家版本馆 CIP 数据核字第 20248K0P35 号

"DEKIRU HITO" NO HANASHIKATA & NINGENKANKEI NO TSUKURIKATA
by Tadaaki Hakoda
Copyright © Tadaaki Hakoda 2007
All rights reserved.
Original Japanese edition published by FOREST Publishing Co., Ltd, Tokyo.
KAIWA WA HAJIME NO 4PUN GA SUBETE by Tadaaki Hakoda
Copyright © Tadaaki Hakoda 2016
All rights reserved.
Original Japanese edition published by FOREST Publishing Co., Ltd, Tokyo.
This Simplified Chinese language edition is published by arrangement with
FOREST Publishing Co., Ltd., Tokyo in care of Tuttle-Mori Agency, Inc., Tokyo

著作权合同登记号：01-2024-4520

你不是"社恐"，你只是不会聊天
NI BUSHI SHEKONG NI ZHISHI BUHUI LIAOTIAN

著　　者	［日］箱田忠昭	
译　　者	赵净净	
责任编辑	郭丽芳　周　艺	
封面设计	扁　舟	
出版发行	民主与建设出版社有限责任公司	
电　　话	（010）59417749　59419778	
社　　址	北京市朝阳区宏泰东街远洋万和南区伍号公馆 4 层	
邮　　编	100102	
印　　刷	三河市中晟雅豪印务有限公司	
版　　次	2024 年 9 月第 1 版	
印　　次	2024 年 12 月第 1 次印刷	
开　　本	880 毫米 × 1230 毫米　　1/32	
印　　张	7	
字　　数	140 千字	
书　　号	ISBN 978-7-5139-4670-4	
定　　价	49.80 元	

注：如有印、装质量问题，请与出版社联系。